DK100个
科学问题

[英]罗伯特·温斯顿　著
纯熙　译

给我的孙子们：
佐菲亚、埃莉安娜、斯特拉、阿伦和艾萨克

科学普及出版社
·北　京·

目录

100个科学问题
分为6大科学主题，
以6种颜色表示：

- 化学
- 人体
- 物理
- 自然
- 地球
- 天文

由于本书涉及的科学领域比较广泛，因此包含很多专业术语。
如果你遇到难以理解的词语，可以查看书后的术语表。

前言

“多年来，每当我到学校交流和演讲时，学生们都会向我提出很多科学问题。我们挑选了其中最常见的问题，汇集于此。此外，我们还收集了来自英国、加拿大、美国、印度、中国和日本等国家和地区的儿童提出的各种问题。有趣的是，类似的问题在任何地方都会出现，无论提问的儿童生活在哪里。

这本书可以回答你想问的很多问题。你提出了许多非常棒的问题，这是大多数成年人都不敢问的。我很高兴你能提出这些问题。最重要的是，永远不要因为你不知道什么而感到尴尬或者担忧。即使是最优秀的科学家也有不知道的东西，他们也会提问题，而这正是他们的伟大之处。科学家发现了一些他们不理解的东西，并提出一个问题。然后，他们咨询其他科学家，并查找他们能找到的关于这个主题的各种知识。最后，他们进行实验来寻找答案。就像在这本书里，有些问题我无法直接回答。因此，我查阅了一些资料，有时还咨询了其他科学家。我给出的答案主要来自其他科学家所做的实验，当然，我自己也做了一些实验。

世界上还有很多未解之谜，这就是为什么科学世界令人如此心驰神往。如果你未来成为一名科学家，也许就能找到那些未知事物的答案。”

罗伯特·温斯顿

为什么科学非常重要？

“你正在阅读的这本书，正是印刷科学的产物。你应该为自己感到幸运：生在一个幸福的世界，没有挨饿受冻，也不会被战火波及，科学技术飞速发展。如果你在看这本书时觉得腻烦了，还可以看电视、玩电脑，或者乘坐公共汽车去看望朋友。你可能比从前的任何人都要活得更长久、更健康。科学改变了我们的世界，而我们却认为这是理所当然的。然而科学也有可能被滥用，伤害到我们或者我们的家园——地球。因此，每个人都应该认识科学、了解科学、体会科学，这是非常重要的。只有这样，我们才能利用科学这一威力强大的工具，让生活变得更美好。”

怎样才能成为科学家？

“人们成为科学家有各种各样的原因。在我八岁的时候，我想了解事物是如何运转的，便开始做实验，可是大多数实验都没有成功。失败的实验可能有点儿令人沮丧，但是在实验的过程中也非常有趣。当我长大一点儿的时候，我通过显微镜看见了动植物的微观之美。14岁的时候，我组装了一架望远镜，通过它看见了各大行星和月球上的陨石坑。16岁的时候，我自己制作了一个收音机，谢天谢地，打开开关的时候它并没有着火。在上大学时，我发现科学不仅仅是有趣的，科学具有巨大的价值，在各行各业发挥着重要的作用。所以我想，要成为一名科学家，或许需要不停地尝试和探索。”

我们现在什么都知道了吗？

“当然不是。实际上，我觉得幸好我们并不是无所不知的。我们了解的科学真相越多，就会发现我们不知道的东西越多。对于未知的好奇心正是我们从事科学研究的动力。”

我的身体是由什么组成的？

“你的身体是由大约37万亿（37 000 000 000 000）个微小的**细胞**组成的。人体细胞大约分为200种不同的类型，它们组成了肌肉、神经、大脑、脂肪、腺体、血液、肝脏、皮肤等组织和器官。以皮肤为例：在你皮肤中有的细胞用于制造头发，有的细胞用来合成头发的颜色，有的细胞能够制造汗液，有的细胞使你晒太阳后变黑。你的体表和体内的细菌数目更多，大约有40万亿个。大多数细菌是有益菌，帮助我们保持健康，但是，也正是因为它们的存在，如果我们长时间不洗澡的话，就会闻起来臭烘烘的。”

蛋白质储存在这里。

神经细胞在你的身体里传输信息。

信息以电信号的形式传播。

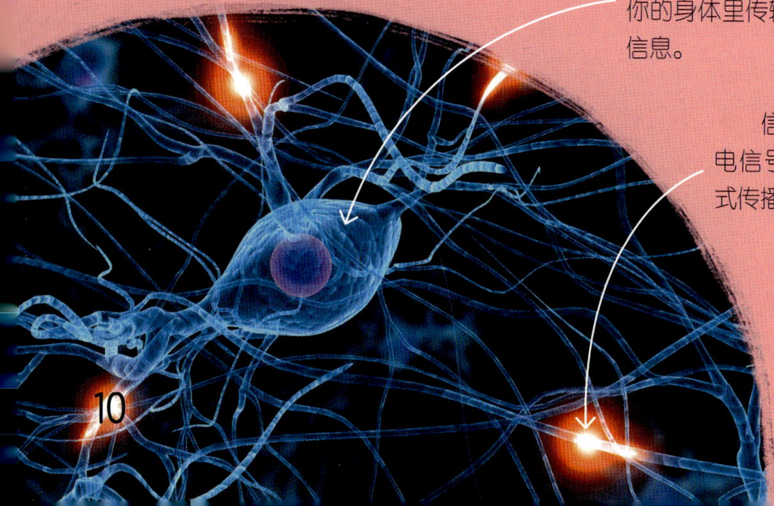

细胞

细胞里有各种各样的细胞器，每种细胞器都有特定的工作，以保持细胞的健康和正常运转。细胞的控制中心是细胞核。

能在实验室里创造一个人吗？

“我们还不能在实验室里创造一个人类。因为目前还无法人工合成细胞。如果科学家能够制造一个基础细胞，也许可以把它改造成人类的卵细胞或者精细胞，这样就能创造一个人类的**胚胎**，进而就能培育出一个人类。但是，这只是科学构想，目前还无法实现，也许在遥远的未来能够变为现实。”

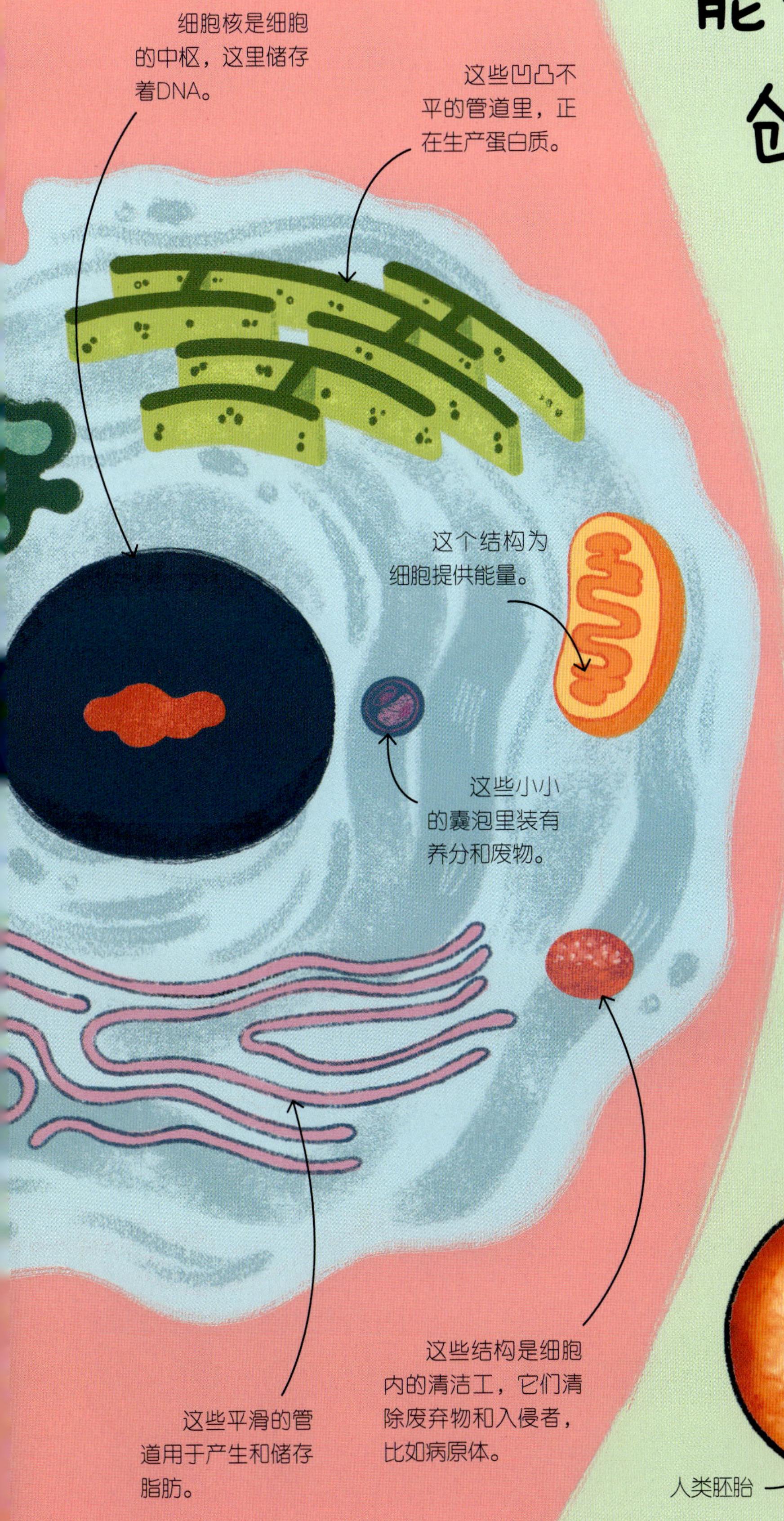

胚胎

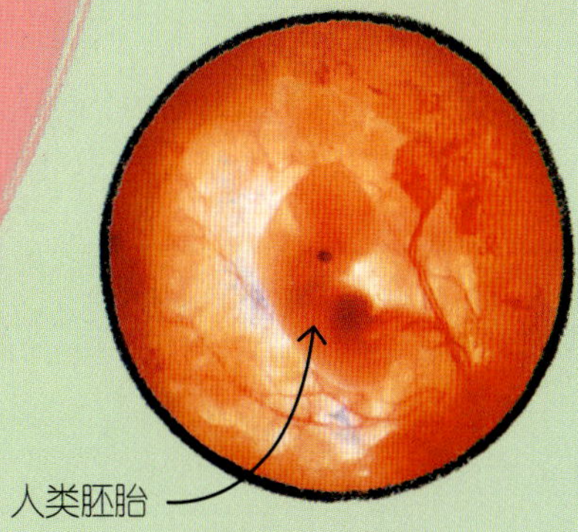

胚胎在子宫内发育成婴儿。八周后，它的所有器官都开始形成了。

时间是从什么时候开始的？

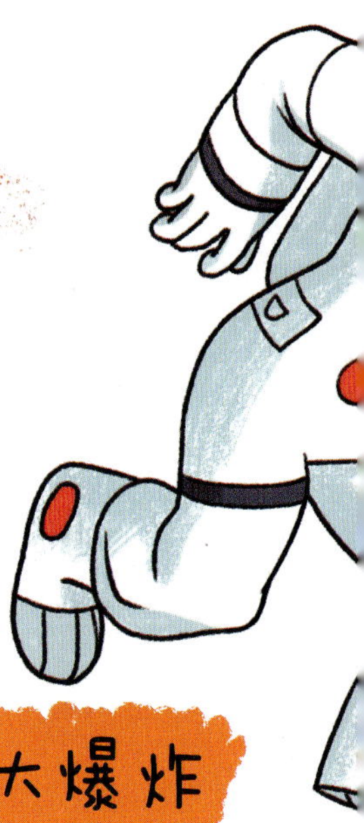

“有些古希腊**哲学家**认为，宇宙是永恒的。今天的科学家认为，宇宙大约始于140亿年前的**宇宙大爆炸**。这大概就是时间开始的时候。从那时起，宇宙似乎从一个小点开始膨胀。在宇宙大爆炸之前，时间和物理定律是不存在的。在未来的某个时候，宇宙可能会开始收缩。一切都可能会结束。所以，你要对他人友善一点，谁知道宇宙终结的那一天是什么时候呢？”

宇宙大爆炸

宇宙诞生于一次大爆炸。过了大约38万年时间，才形成了第一批原子。又过了大约1.8亿年之后，第一批恒星开始发光。

哲学家

从公元前6世纪开始，古希腊哲学家开始质疑他们周围的世界。他们运用逻辑分析和推理，试图去理解他们感知到的一切。

为什么太空没有空气？

“太空是地球大气层以外的宇宙空间，它近乎真空，几乎没有任何物质，包括空气。空气是一种气体混合物（主要由氮气和氧气组成），由于重力的作用，被吸附在靠近地球表面的区域。离地面越高的地方，重力越小，空气越稀薄。距离地球表面大约100千米以外，就是太空了。”

暗物质是什么东西？

“科学家认为，我们在太空中看到的一切恒星、行星和星系，只是宇宙中所有物质的一小部分。其余的都是不可见的**暗物质**。我们之所以认为暗物质存在，是因为恒星和星系的运动速度比我们预估的要快。所以一定有看不见的物质对它们产生引力。”

翻到109页了解更多关于黑洞的知识。

暗物质

我们看不见暗物质。不过，我们认为暗物质在太空中的分布是不均匀的，暗物质团会对恒星和星系施加引力。

太空中的大部分其实都是暗物质。

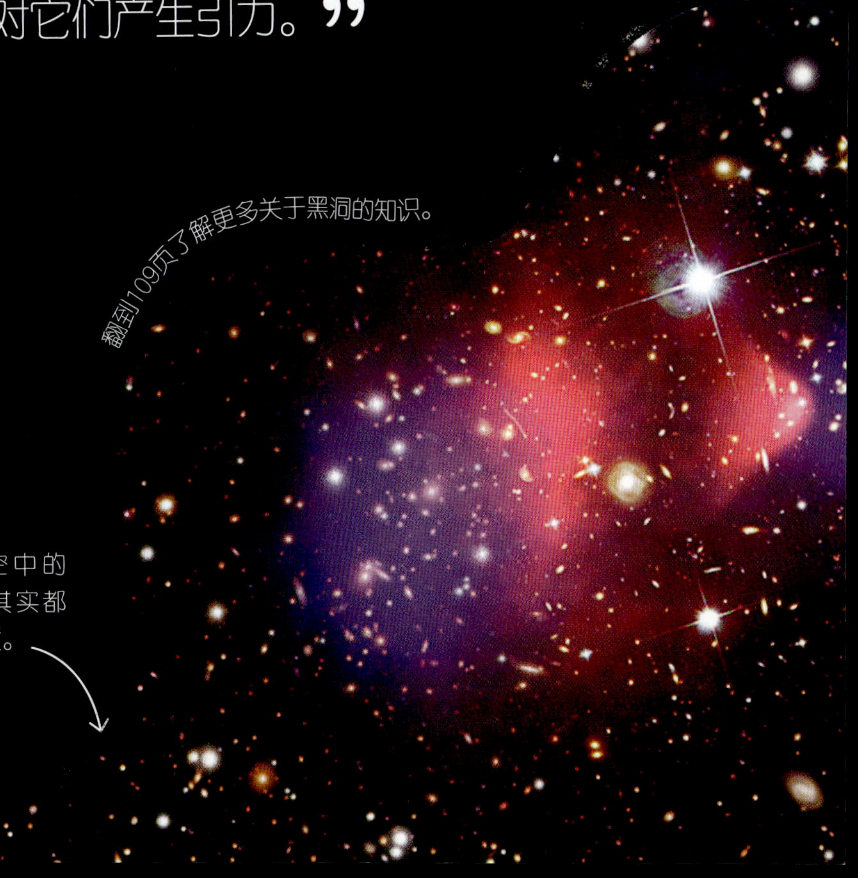

最早的人类是怎么出现的？

“从科学的角度来看，根本没有最早的人类。因为人类的**进化**是一个非常缓慢的渐进过程，并且在世界的许多地方同时进行。还有一件值得一提的事是，和野生**哺乳动物**在没有同类帮助的情况下产崽一样，早期的人类也大多数是在没有帮助的情况下分娩的。”

进化

最早的人类出现在迄今800万~600万年前的非洲。从那时开始，人族就有了很多物种。但除了智人以外，其他所有的人种都灭绝了。

哺乳动物

哺乳动物是一类有脊椎骨、身体被毛的动物，用乳汁哺育后代。几乎所有的哺乳动物都是直接产崽，除了产卵的鸭嘴兽和针鼹。哺乳动物幼崽和妈妈待在一起，直到能独立生存为止。

为什么水是湿乎乎的？

“严格来说，水不是“湿”的。如果你把手指伸进一杯水里，不会感觉到湿。但是，如果你把手拿出来，你就会感觉到手指湿乎乎的了。“湿”实际上是流体附着在我们的皮肤表面带来的感觉。纯净的水是非常“湿”的，但是如果把肥皂溶在里面，变成肥皂水的话，就会更“湿”。这是因为肥皂使得**水分子**之间的力变得松散了，导致肥皂水的**表面张力**更小，更容易附着在固体表面。”

表面张力

液体分子之间具有作用力，使得液体的表面就像一张有弹性、可拉伸的“皮肤”一样。这就是所谓的表面张力。

表面张力让水滴变成一个圆溜溜的球形，而重力则把这个球形拉成泪滴状。

正因为有了表面张力，有些昆虫才可以在水面上行走。

水分子紧密排列。

水分子

一个水分子是由三个称为原子的微粒组成的，其中两个是氢原子，一个是氧原子。因此，水的分子式是H_2O。

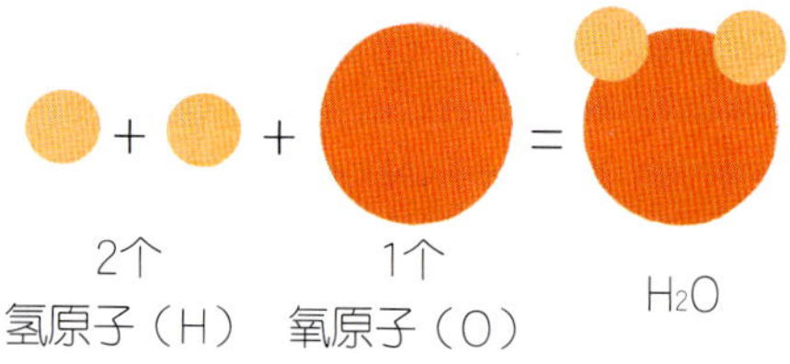

烧开的水为什么会冒泡泡？

水蒸气是看不见的。沸水上冒出的白色蒸气实际上是小水滴组成的“云”，温度比水蒸气稍微低一些。

翻到114—115页，了解更多关于气泡的知识。

“水里溶解有一些空气。空气的溶解度随水温的升高而降低。当水加热的时候，不再溶解的空气形成气泡，浮到水面上。一旦水沸腾之后，泡泡中充满的就不再是空气，而是水蒸气。在100℃时，水从液态变为气态，因此这些气泡是由气态的水——水蒸气形成的。”

为什么油不溶于水？

“油的密度小于水（比水轻），所以油会浮在水面上。水分子之间的结合非常紧密，因此油水不容易混合，除非你在水里加入像肥皂这样的物质，就会让水分子之间的结合变得松散一些。”

洗洁精可以洗掉脏盘子上的油脂和污垢。

“答案很简单：不能，这是因为**重力**的作用。地球对物体的引力称为重力，这是一种看不见摸不着的力量，这种力量可以让我们留在地球上。所有的物体都是通过引力相互吸引的。像恒星和行星这样的大型天体，具有更大的质量，可以施加更大的引力。例如，木星是太阳系最大的行星，木星上的重力是地球的2.5倍。”

你能跳出地球吗？

英国著名科学家牛顿出生于1643年，是最早一批研究重力的科学家。传说有一天，牛顿坐在一棵苹果树下苦苦思索，突然，一个苹果从树上掉了下来，砸到了他的头上。牛顿问自己，为什么苹果会落在地面上，而不是飘向天空中呢？牛顿形成了一个理论，即地心引力会把所有物体都拉向地球。

为什么月球上的重力更小？

“引力的大小取决于物体的**质量**。地球比月球大，质量也比月球大，所以地球的引力比月球的引力更大。因此在月球上的重力要比在地球上小。这也就是为什么宇航员可以在月球上跳得更高、更远的原因。”

翻到78—79页，了解更多关于重力的知识。

质量

物体的质量是它所包含的物质的量。所包含的物质的量越多，物体的质量就越大。重量是物体受重力大小的度量。

木星vs地球

假设你在地球上的体重是30千克。那如果你在木星上，你的体重大约为72千克，这是一个成年男子的平均体重。

月球vs地球

如果你在月球上，你的体重就还不到5千克，大概和一只猫差不多。这是因为月球的质量比地球小，月球上的重力大约只有地球上的六分之一。

天空为什么是蓝色的？

“虽然太阳光看起来是白色的，但实际上，阳光是由各种各样颜色的光组成，就像**彩虹**一样。光以波的形式传播，每种颜色的光都有特定的**波长**——有些是短波，有些则是长波。当阳光穿越大气层时，会照射在气体分子和飘浮的尘埃粒子上，因此就折射成了不同颜色的光。短波长的光比长波长的光更容易折射，蓝光的波长很短，因此有更多的蓝光通过折射，进入我们的眼睛。紫光的波长更短，按理说，天空应该是紫色的。然而，人类的眼睛对蓝色比对紫色更敏感，所以我们看到的天空是蓝色，而不是紫色。”

波长

光谱的红色端比紫色端拥有更长的波长。

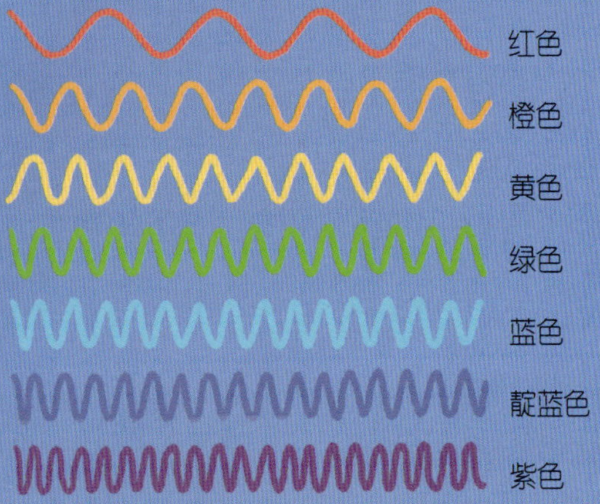

彩虹

在下雨时，如果你身后有阳光照射，你就会看见一道彩虹。当白色的阳光穿过数百万个小雨滴时，会折射成不同颜色的光线，形成彩虹。

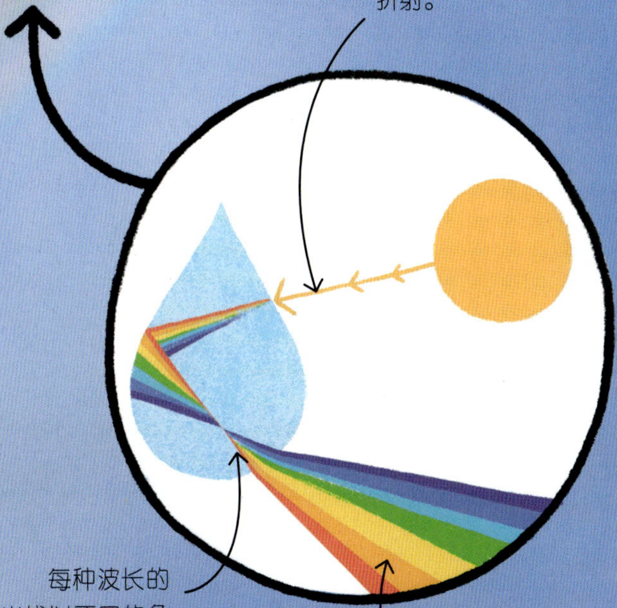

晚霞为什么有各种颜色？

“当太阳从天空中落到地平线上时，阳光必须透过距离更长的大气层，因此会遇上更多的尘埃和微粒。蓝光波长较短更加分散，而长波长的光——比如红光和黄光，则更容易在空气中传播被我们的眼睛看见。”

科学家能复活恐龙吗?

马氏北方盾龙于2011年在加拿大阿尔伯塔省被发现，它是世界上保存非常完好的恐龙化石之一。

翻到74—75页，了解更多恐龙知识。

“有些科学家已经尝试复活恐龙了，但我认为成功的可能性很小。科学家希望从恐龙的血液或者骨骼中提取**DNA**，或者可以从叮咬类昆虫（如**蚊子**）的胃里提取。到目前为止，还没有人能在早于100万年前的标本上提取到完整的DNA链，然而恐龙的灭绝比这要早得多。”

恐龙的DNA

想要再造一只恐龙，科学家需要完整的恐龙DNA链，而不是其中的片段。恐龙在6000多万年前就已灭绝，因此不太可能发现它们完整的DNA。而且，你还需要有一只恐龙母亲来孵蛋、照顾小恐龙呢！

蚊子

这只古老的蚊子被困在一块琥珀化石中。它的身体里可能含有数千万年前吸过的恐龙的血液，里面有恐龙的DNA。

有可能发现从前从来没有发现过的化石吗？

“当然有可能！2018年8月，科学家在英国发现了一种之前从未发现过的蠕虫，它生活在4亿年前。全世界平均每周都有新的化石出土，还常常会发现**新物种**。到目前为止，已经发现了大约1000种不同类型的恐龙，然而，我们可能只挖掘出了地球上曾经存在过的恐龙中的一小部分。”

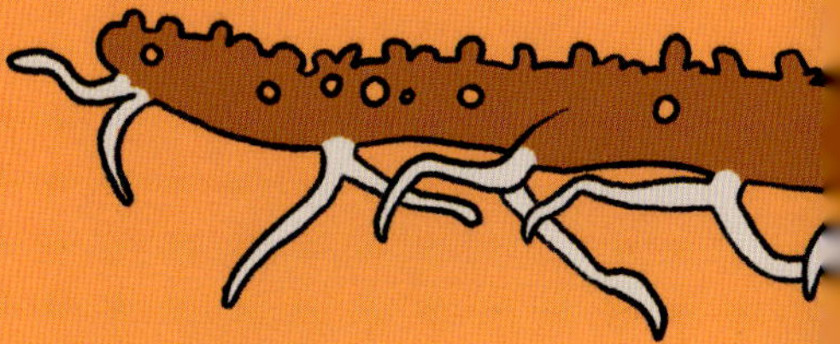

新物种

这种新物种是在英国4.3亿年前的岩层中发现的。这是一种长着腿的蠕虫状生物，拉丁文学名叫作*Thanahita distos*，是现代丝绒蠕虫的古老亲戚。

侏罗纪悬崖位于英国多塞特郡西部海湾。

我在英国多塞特郡度假时，发现了一种三叶虫化石，当时我只有12岁。三叶虫化石是一种常见的海洋生物化石，有点像一种特别大的、短粗形的蜈蚣。三叶虫生活在迄今大约2亿年前。

三叶虫

我的肚脐连到身体的哪里？

凹陷和凸起

婴儿出生并剪断脐带之后，脐带残留的断头会自己脱落，留下一个疤痕，这就是你的肚脐。凸起型肚脐的人只是比凹陷型肚脐的人留有多一点的疤痕组织。

“肚脐并没有连接到体内的任何地方，但是它曾经与你的身体各处相连！当你还在妈妈**子宫**里的时候，把你和她联系在一起的唯一的东西就是脐带。脐带从你的肚脐处一直延伸到胎盘，胎盘是一个与子宫内膜连接的器官。脐带将血液从胎盘输送到你的身体里，提供所需的**营养物质**和氧气，让你健康成长。你出生以后，脐带被医生剪断，就只剩下肚脐啦。”

子宫

子宫是供胎儿发育的器官。子宫是一个含有肌肉壁的囊袋。

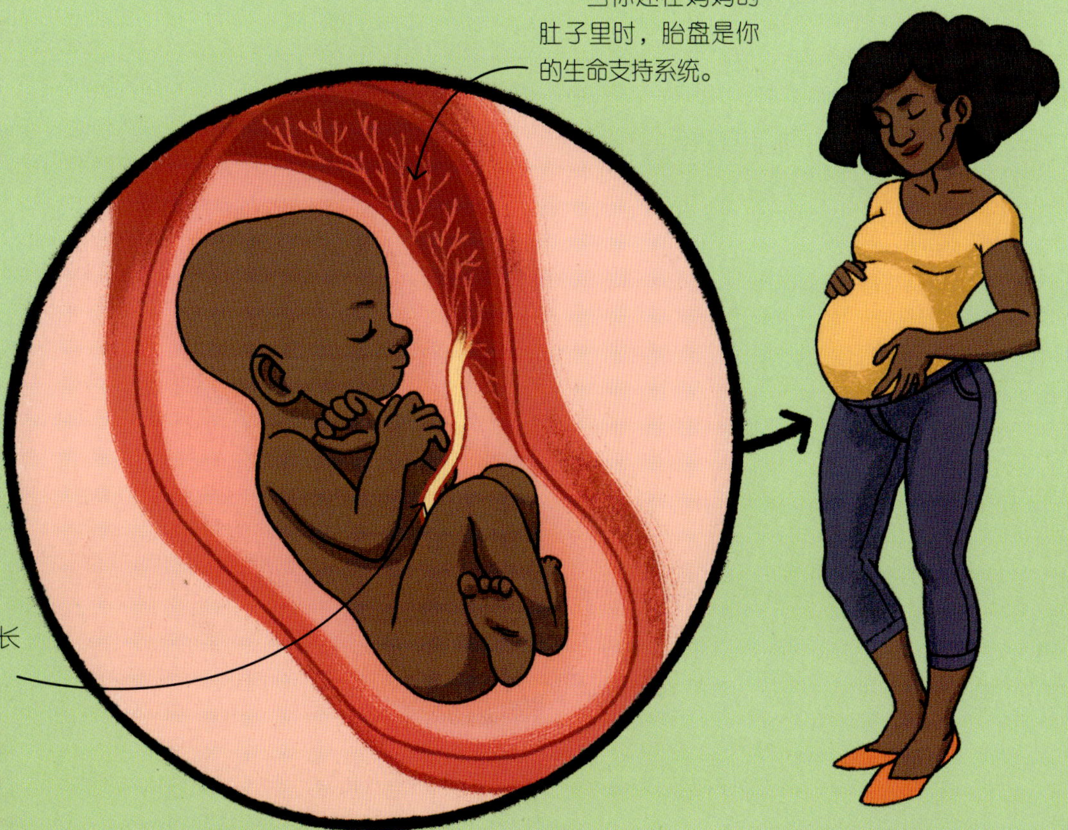

营养物质

营养物质是我们从食物中摄取的，供给身体生长发育所需的物质。脐带可以把来自母体的营养物质输送给胎儿。

冰激凌为什么会融化？

“所有物质都有多种状态，具体处于哪种状态主要取决于温度。在很低的温度下，物体会变成固体，比如，水冻成冰。随着温度升高，物质中的分子运行得越来越快，物质就会变成液体，即融化。当温度更高的时候，物质会变成气体。有趣的是，当你把任何气体置于高压之下，它可以再次变成液体，即使在很高的温度下也会如此。不同的物质变成**固体**、**液体**和**气体**的温度不同。”

冰激凌主要由水构成，冰的熔点在0℃。

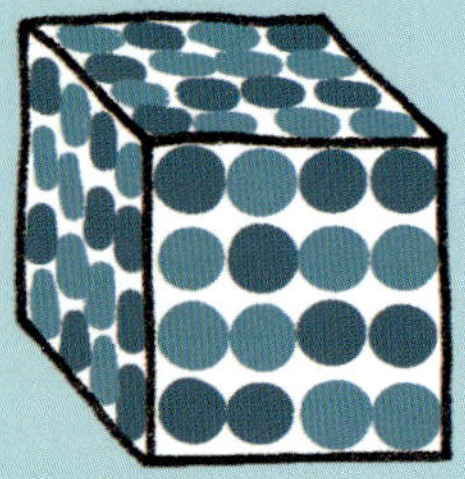

固体

固体具有固定的形状。固体分子可以振动，但是几乎不能移动位置。

液体

液体分子比固体分子排列得更松散，因此液体可以流动。

气体

气体分子相距很远，可以自由移动，所以气体可以向外扩散。

火是固体、液体，还是气体？

等离子体

当气体温度极高，电子脱离原子的时候，通常会形成等离子体。在等离子球或者灯饰工艺品里，我们可以看到这种反应。

翻到58—59页，了解更多关于分子的知识。

“火不属于这三个状态中的任何一种。这是一个相当神秘的问题，答案也很特别。火实际上是一种发生在热空气中的化学反应。物质在极端高温的情况下，会变成第四种状态——**等离子体**。可以说，火焰就是等离子体。当原子分裂成不同的部分时，等离子体就会产生。”

磁悬浮列车是怎么开动的？

“如果你玩儿过磁铁，就会知道：**磁极**相反的磁铁相互吸引，磁极相同的磁铁相互排斥。当电流通过电线时，就会产生电磁感应。磁悬浮列车上强大的电磁铁与轨道上的电磁铁相互排斥，列车便能“悬浮”在轨道上。因为列车不接触轨道，所以行进的过程中**没有摩擦**，从而能以较少的能量，跑得更快、更远。”

磁铁相同的两极（两个南极或两个北极）相互排斥。

磁铁相反的两极（一个南极和一个北极）相互吸引。

磁极

磁铁的两端称为磁极。上图是磁铁两极相遇时的情景，磁铁上吸附的铁屑形象地表现出磁场。

没有摩擦

摩擦力是一种力。摩擦力与运动的方向相反，会减慢物体运动的速度。光滑表面彼此滑动时，产生的摩擦力较小，或者无摩擦力。

溜冰鞋在冰面上滑行，接触面几乎没有摩擦力。

磁悬浮列车平滑的流线型外形有助于快速移动。

中国上海的磁悬浮列车

磁悬浮列车怎么停下来？

“当列车开动时，轨道上通电的电磁铁托起并推动列车上的电磁铁。当列车需要**刹车**时，电流是反向的，因此电磁铁便会朝相反的方向拉动，列车就能停下来。”

刹车

磁悬浮列车没有像普通火车那样的刹车部件。当磁悬浮列车需要减速和停车时，磁场方向转向，产生相反的拉力，起到刹车的作用。

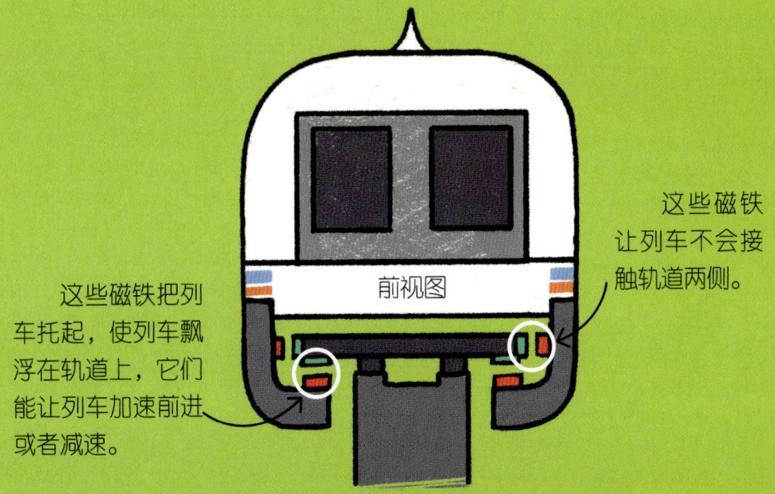

当电流向一个方向流动时，磁铁相互作用，推动列车向前运行；当电流朝另一个方向流动时，磁铁的磁场改变方向，使列车停下来。

蝴蝶记得它曾经是一只毛毛虫时发生的事吗？

“ 蝴蝶有**四个发育阶段**——卵、幼虫、蛹和成虫。我怀疑它们已经不记得前三个阶段发生的事情啦！”

4. 成虫

成虫破茧而出，羽化成一只美丽的蝴蝶。

1. 卵

雌性蝴蝶在一棵植物上产卵。

2. 幼虫

幼虫孵化出来，整天大吃特吃。

3. 蛹

蛹藏在丝质的茧里，体内静静地变化着。

蝴蝶会睡觉吗？

蝴蝶静静地休息，等待温暖、干燥的天气来临。

“ 蝴蝶并不睡觉。它们只是在晚上休息，白天如果是阴雨天，它们也会休息。这时，蝴蝶会隐藏在树叶间，或者倒挂在树枝上。”

蜘蛛是怎么织网的?

蜘蛛网通常呈几何图形。每股蜘蛛丝都以规则的间隔排列。

具有黏性的蜘蛛丝用于捕捉猎物。

蜘蛛丝是从蜘蛛腹部的小孔中抽出来的。

蜘蛛捕获猎物之后，先用丝把它包裹起来。

蜘蛛丝

蜘蛛丝是由蛋白质构成的，具有令人难以置信的高弹性，是非常坚韧的天然材料之一。

“不是所有的蜘蛛都会结网，不过许多种类的蜘蛛都能从腹部末端的腺体中分泌**蜘蛛丝**。这些腺体能够分泌不同类型的丝，共同组成蜘蛛网。其中，黏丝用于捕捉昆虫，细丝用于包裹捕获的猎物。蜘蛛通常首先抽出一条长长的蛛丝，长长的蛛丝随风飘拂，附着在附近的物体（如树枝）上，形成蛛网的支架，然后蜘蛛再开始织网。”

怎样才能长得更高？

“在大脑的下方有一个叫作**脑垂体**的腺体，可以分泌**生长激素**。生长激素随血液进入人体循环，并作用于肝脏，产生另一种称为生长因子的激素。这两种激素刺激肌肉、骨骼和其他组织产生更多的细胞，从而使你的身体生长、发育。”

巨人

在极罕见的情况下，有些人的脑垂体过于活跃。有史以来最高的人可能是美国人罗伯特·瓦德罗，他身高2.72米。原因可能是他的脑垂体过大，产生了过多的生长激素。

脑垂体

激素是腺体分泌的化学物质。激素就像信使一样，随着血液在你的身体中旅行，告诉各个部位需要做什么工作。脑垂体主要分泌生长激素。

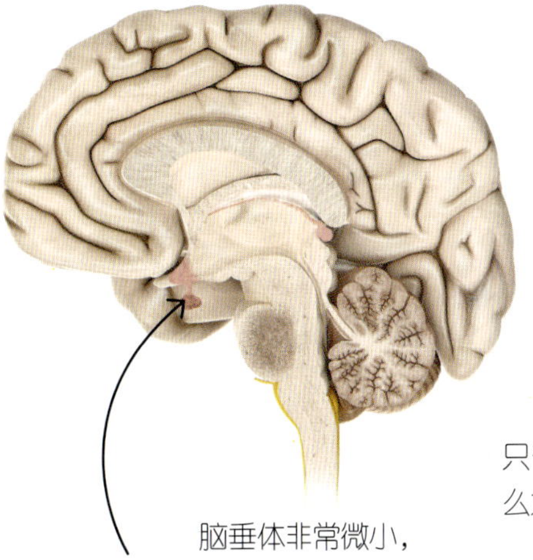

脑垂体非常微小，位于大脑底部，主要分泌8种重要的激素。

脑垂体大概只有一颗豌豆那么大。

生长激素

脑垂体每天分泌8单位的生长激素。这种激素让你身体里的细胞分裂和增殖。生长激素主要在夜间分泌。当你长大成人以后，生长激素的水平就会急剧下降。

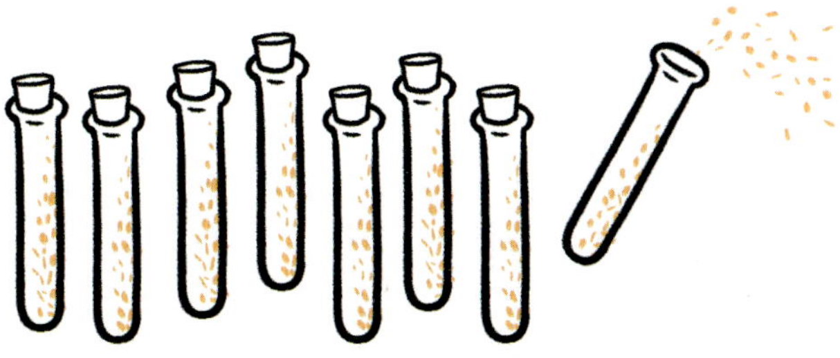

什么导致了生长痛？

“有些孩子晚上腿疼。人们常常把这种疼痛称为“生长痛”。目前还不清楚是什么原因引起的生长痛，但是大多数医生认为与生长无关。活泼好动或者关节非常灵活的儿童在晚上似乎更容易感觉腿疼。除非还有什么别的症状，否则通常不用担心。”

动物是怎么伪装自己的？

花豹

花豹的毛皮上布满斑点，与自然环境完美地融合在一起。在伏击猎物的时候，花豹很小心，它静静地等待，或者悄无声息地缓慢移动。这样它就不容易被发现。

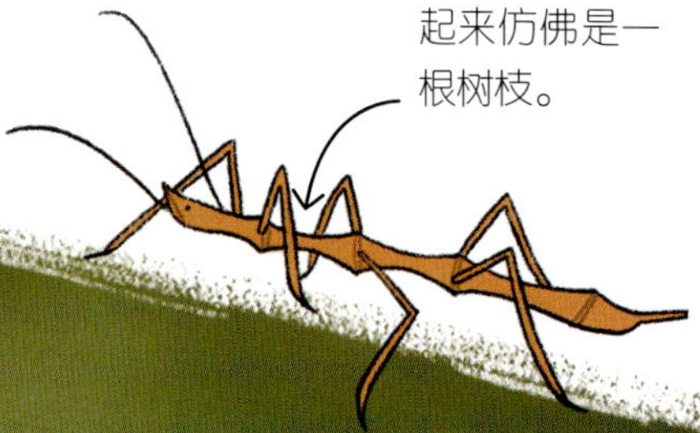

竹节虫看起来仿佛是一根树枝。

变色龙

变色龙通过改变体表的颜色和图案来伪装自己，或者向其他变色龙发送信号。

“动物利用保护色与周围的环境融合在一起，从而躲避捕食者或者悄悄地接近猎物。动物的保护色与周围的自然环境一致。比如，蟾蜍是绿色或者棕色的，就像森林的地面；**花豹**身上布满斑点，能够与森林里斑驳的树影混合在一起；绿色的鬣蜥和树蛇酷似树叶的颜色；浑身雪白的**北极兔**在雪地里很难被发现；而像**变色龙**和章鱼这样会变色的动物，它们还能够改变自己的体色，与变化的自然环境相匹配。”

北极兔

北极兔的皮毛在冬天是白色的。到了夏天则变成灰褐色，适于隐藏在植物和岩石间。

隐藏起来

并不是只有动物把自己伪装起来。这位身穿迷彩服的摄影师正在拍摄野生动物的特写镜头。在丛林中执行任务的士兵会身穿绿色和棕色的军装，而在沙漠中则身穿卡其色军装。

能用一块磁铁把我们体内的铁吸出来吗？

“我们体内的铁元素主要分布在**红细胞**里，没有磁性，与铁钉里的铁元素是不一样的存在形式。因此，即使你身处一个强**磁场**中，也不会感觉到任何拉力。你的大脑里含有数十亿个神经细胞，可以像电线一样传输电信号。当电流流动时，就会在导线周围产生磁场，我们的大脑也是如此。现在科学家可以用仪器检测出大脑运转时产生的磁场。不过，当你和同学们坐在教室里解答数学难题的时候，你们的大脑产生的磁场太微弱了，所以根本不会撞到一起。”

汽车被一块巨型磁铁吸起来了，因为汽车是用钢铁制造而成的。

你的身体没有磁性。你的整个身体里只含有3～5克铁。

红细胞

红细胞是红色的，这是因为红细胞里具有一种含铁的蛋白质——血红蛋白。当血液流经肺脏时，血红蛋白会收集氧气。

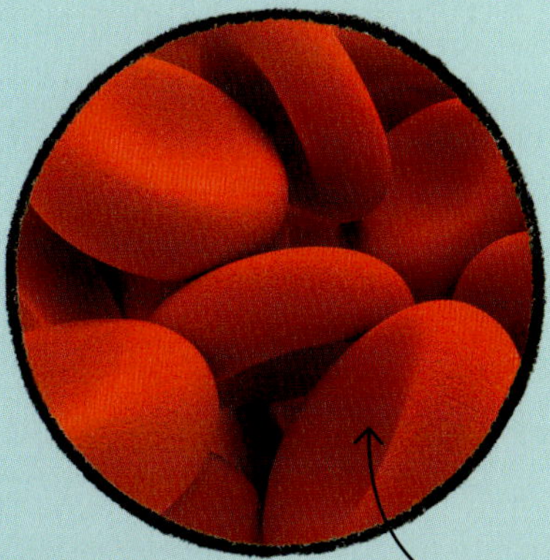

红细胞把氧气送往身体各处。

吊车上的巨型磁铁是电磁铁——只有当电流经过时，它才具有磁性。

这块磁铁矿石具有天然磁性，能够吸附含铁的物质，如大头针。

铁磁性

有些金属，如铁和镍，置于磁场中会被磁化，即使磁场移除后依然保持磁化状态，这种特性称为铁磁性。

翻到28—29页，了解更多关于磁铁的知识。

磁场

每块磁铁都被磁场包围着。在磁场的内部，磁力作用于物体。磁铁两端的磁极是磁性最强的部分。

磁场是看不见的，但你可以在磁铁周围撒上铁屑，观察磁场的作用。

魔术贴是怎么粘在一起的？

“你想过用放大镜来仔细看一看**魔术贴**吗？魔术贴的一面布满微小的钩子，而另一面是细软的纤维。当把两面魔术贴压在一起时，小钩子会钩住纤维，这样魔术贴就牢牢地粘在一起了。这是一个仿生学的绝好案例。魔术贴是瑞士工程师**乔治·德·米斯特劳**发明的，现在每年销售的魔术贴超过5万千米。”

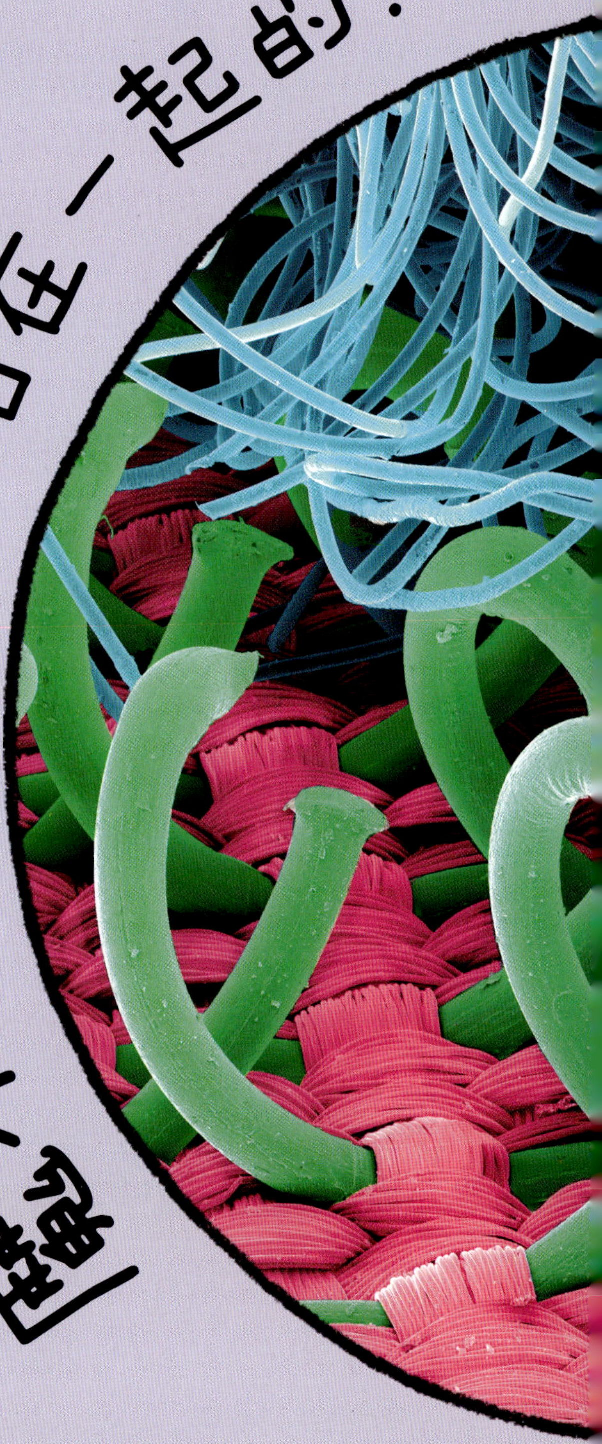

乔治·德·米斯特劳

1941年，乔治·德·米斯特劳在外出散步时，注意到他的裤子和狗的毛皮上粘着许多苍耳。他发现，苍耳之所以牢牢地附着在衣服和毛皮上，是因为苍耳的表面长着许多钩子一般的小刺。这件事给了他灵感，使他发明了魔术贴——一种固定东西的新方法。

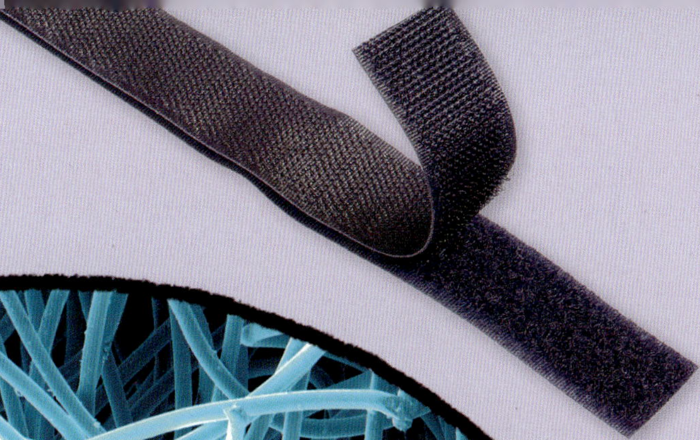

魔术贴

如果你的运动鞋上的魔术贴不能粘在一起了，那不是乔治·德·米斯特劳的错——有可能是你的鞋子太脏啦！用硬毛刷清理一下魔术贴，它应该就能再次工作了。

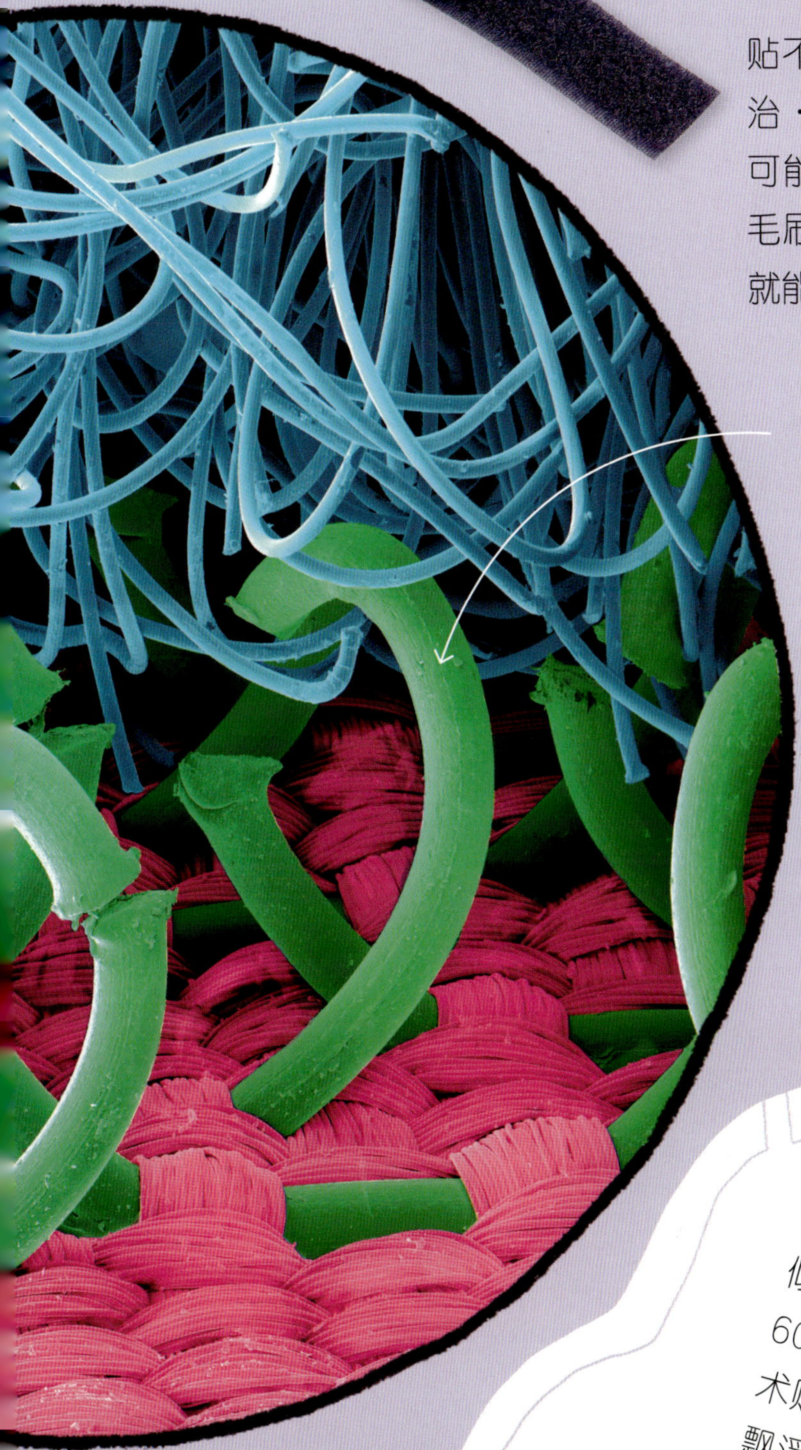

绿色的钩子钩住蓝色的纤维。

航天技术

对于航天任务来说，魔术贴似乎不够高科技，但是在20世纪60年代，美国航空航天局发现魔术贴是阻止装备在零重力状态下飘浮的完美工具。“阿波罗号”的宇航员登陆月球的时候，他们的宇航服和头盔上都有魔术贴。

蜜蜂怎么知道要做什么工作？

“这是一个有趣的问题，伦敦帝国理工学院的科学家正在尝试用功能强大的显微镜和脑部扫描来解答这个问题。**蜜蜂的大脑**很小，但是它们即使飞越数十千米，仍可记得曾经去过哪里。各种类型的蜜蜂**分工协作**，并且建立起复杂的蜂巢。”

蜂王

蜂王是蜂群中唯一一只产卵的蜜蜂，每天可以产下2000多枚卵！

工蜂

工蜂负责采集花蜜和花粉，打扫蜂巢，照顾蜂王和幼蜂。工蜂都是雌性。

雄蜂

雄蜂没有毒刺，它们的唯一工作是与蜂王交配。

蜜蜂的大脑

蜜蜂的大脑比一个针头还小。但是蜜蜂可以用小小的大脑做出惊人的事情！

分工协作

蜂巢中，不同类型的蜜蜂都有自己的职责。

“蜜蜂的**毒刺**就像一根带着倒钩的空心小针。一旦你被蜜蜂蜇了，刺会很难拔出来。不幸的是，蜜蜂蜇人时，它的毒刺会和一部分内脏一起被拔出，蜜蜂会因此而死。只有雌性蜜蜂会蜇人，因为雄蜂没有刺。”

毒刺

毒刺注射蜂毒素，这是一种蜜蜂分泌的酸性毒液，导致人被蜜蜂蜇刺后会引起疼痛和瘙痒。

为什么蜜蜂蜇人之后会留下毒刺?

眼睛是怎么看见东西的？

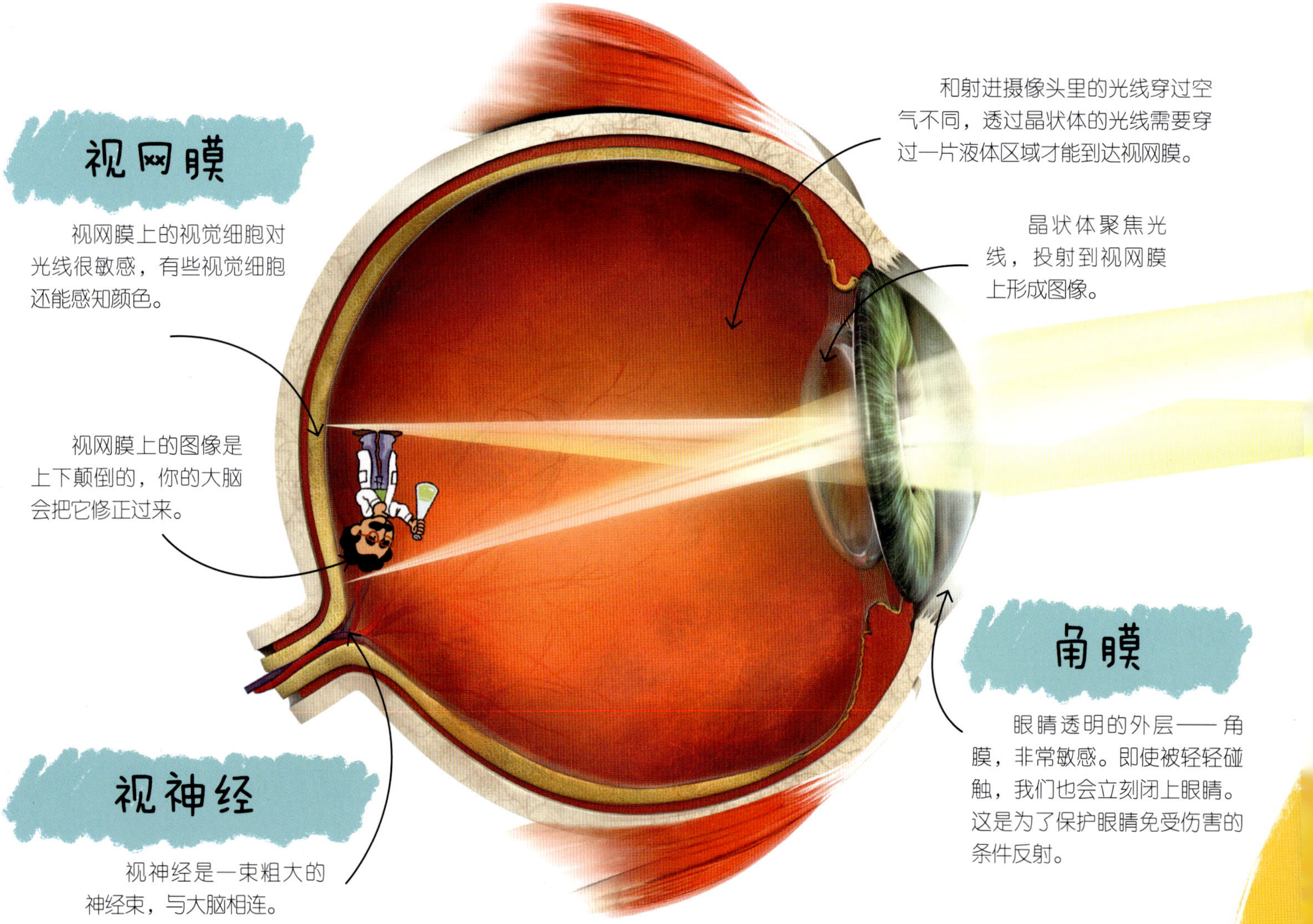

“眼睛的前部有晶状体和**角膜**，背面是一层叫作**视网膜**的细胞层。进入眼睛的光线通过晶状体照射在视网膜上。当光线接触到视网膜上时，视觉细胞会发出一个电信号，这个电信号沿着**视神经**传递到大脑，告诉我们看到了什么东西。”

为什么我们会眨眼睛?

“ 眨眼睛可以保护脆弱的角膜，还可以在角膜的表面覆盖一层泪液，让角膜保持湿润。眨眼睛还能清除眼睛里的异物。当我们感到紧张的时候，我们也会眨眼睛。鱼是不眨眼睛的——它们没有眼睑。它们通过其他方式表现出紧张情绪。”

我们的两只眼睛为什么看到的是一幅场景?

“ 每只眼睛看东西的角度稍有不同。大脑将两只眼睛的信息融合在一起，形成立体视觉。因此我们才能依靠视觉判断物体有多远。”

齿轮是怎么转动起来的？

齿

左图中的大齿轮有20个齿，小齿轮有10个齿。小齿轮转起来的速度是大齿轮的两倍，但是力量却只有大齿轮的一半。有些齿轮，比如自行车上的齿轮，是通过链条连接的。

“齿轮是带**齿**的轮子，互相咬合在一起。当一个齿轮转动时，会带动第二个齿轮朝相反的方向转动。如果齿轮的大小不同，它们的转动速度也不同。用一个大齿轮带动小齿轮旋转，可以让小齿轮转得更快，用的力更小。用小齿轮带动大齿轮转动，需要更大的力量，速度更慢。”

电梯是怎么工作的?

❝ 电梯由电动机驱动，通过齿轮、**滑轮**和缆绳拉动轿厢上上下下。缆绳的另一端系着**配重**。现代电梯很少会发生事故，如果电梯失控，电动开关会立即启动，让电梯停止，安全刹车系统会防止电梯坠落。❞

滑轮

滑轮是周围有绳索可以滑动的轮子。通过改变力的方向，可以更容易抬起重物。拉动绳索的一端，另一端就可以举起物体。

配重

配重通过向轿厢相反的反向移动，来平衡轿厢的重量。这样就减少了举起轿厢所需的能量。

为什么有的人脸上有雀斑？

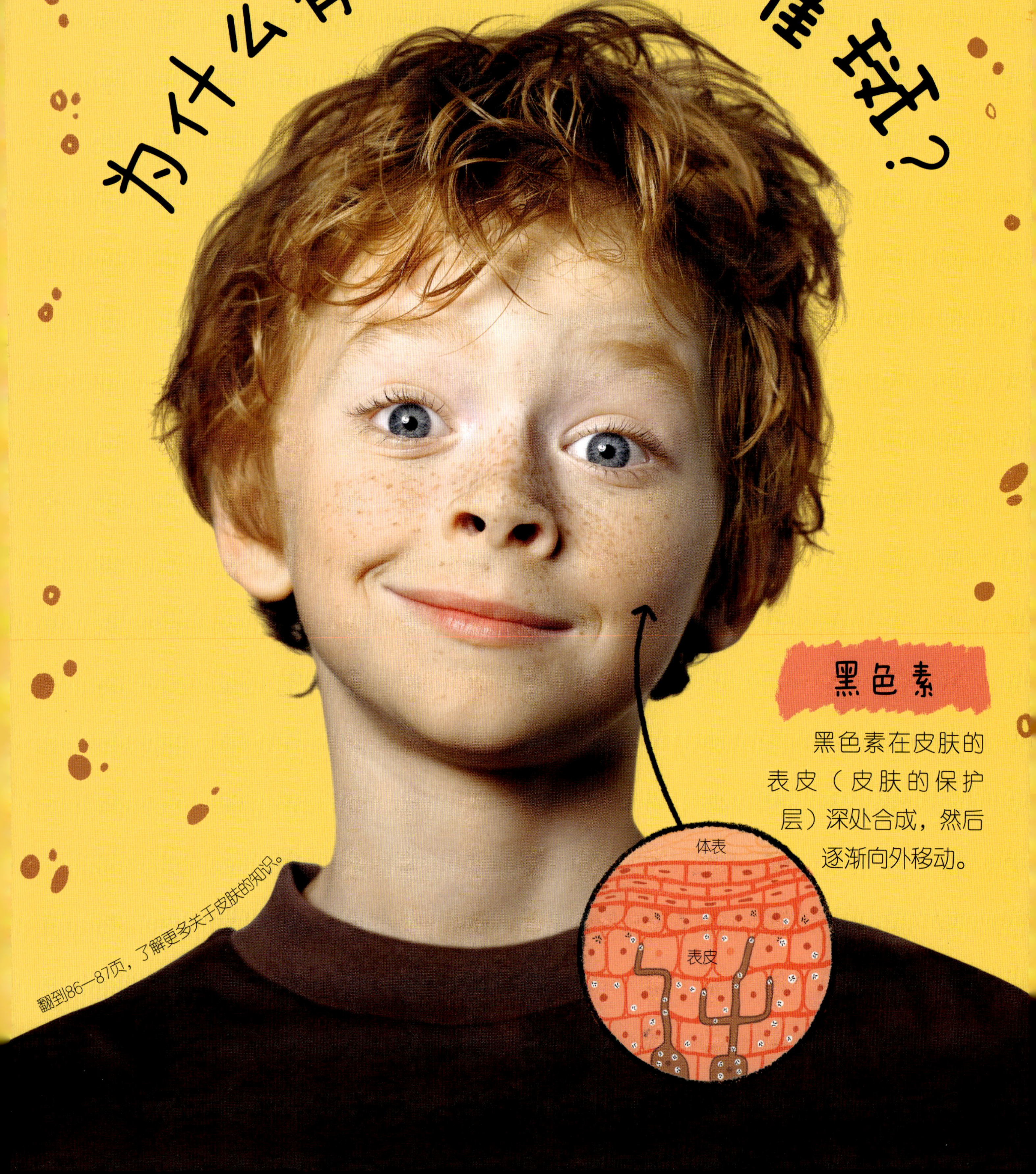

黑色素

黑色素在皮肤的表皮（皮肤的保护层）深处合成，然后逐渐向外移动。

翻到86—87页，了解更多关于皮肤的知识。

“当我们晒太阳后，皮肤会变黑。这是因为我们的皮肤里具有**黑色素**。黑色素由皮肤中的黑色素细胞分泌，在阳光照射后，黑色素细胞会变得活跃，分泌更多的黑色素。那些肤色均匀的人，他们的黑色素细胞均匀地分布在皮肤里。然而，有些人的黑色素细胞聚集成簇，导致黑色素的产生不均匀，晒太阳后就会产生雀斑。雀斑常常是家族遗传的，现在已知有几种**基因**可能是造成雀斑的原因。有雀斑的人更要小心不要被**晒伤**。”

晒伤

如果你长着雀斑，要更注意防晒，因为你的皮肤没有足够的黑色素来保护你不被晒伤。记得戴上帽子、墨镜，擦防晒霜。

基因

基因是父母遗传给你的遗传指令。从你的皮肤和眼睛的颜色，到你的身高，以及你身体的构成，都取决于你的基因。

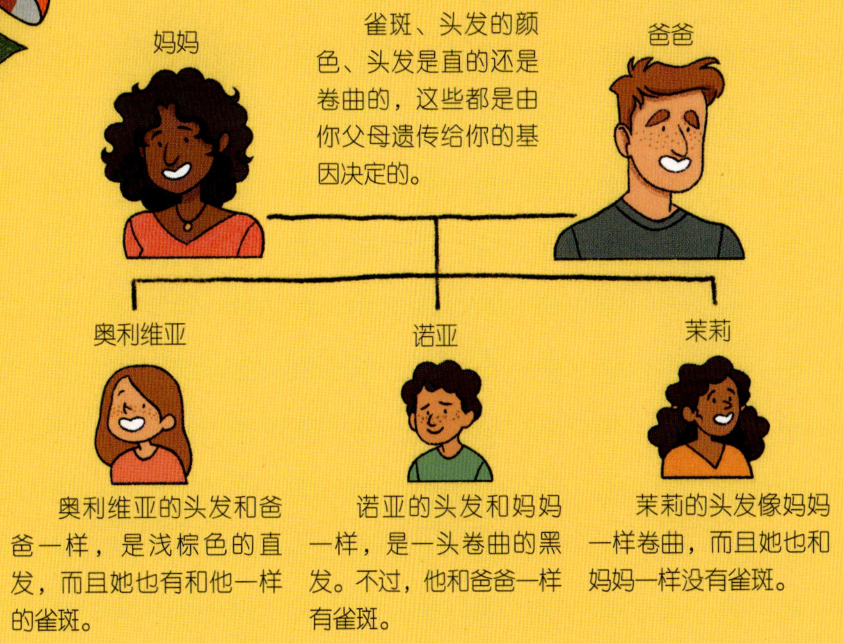

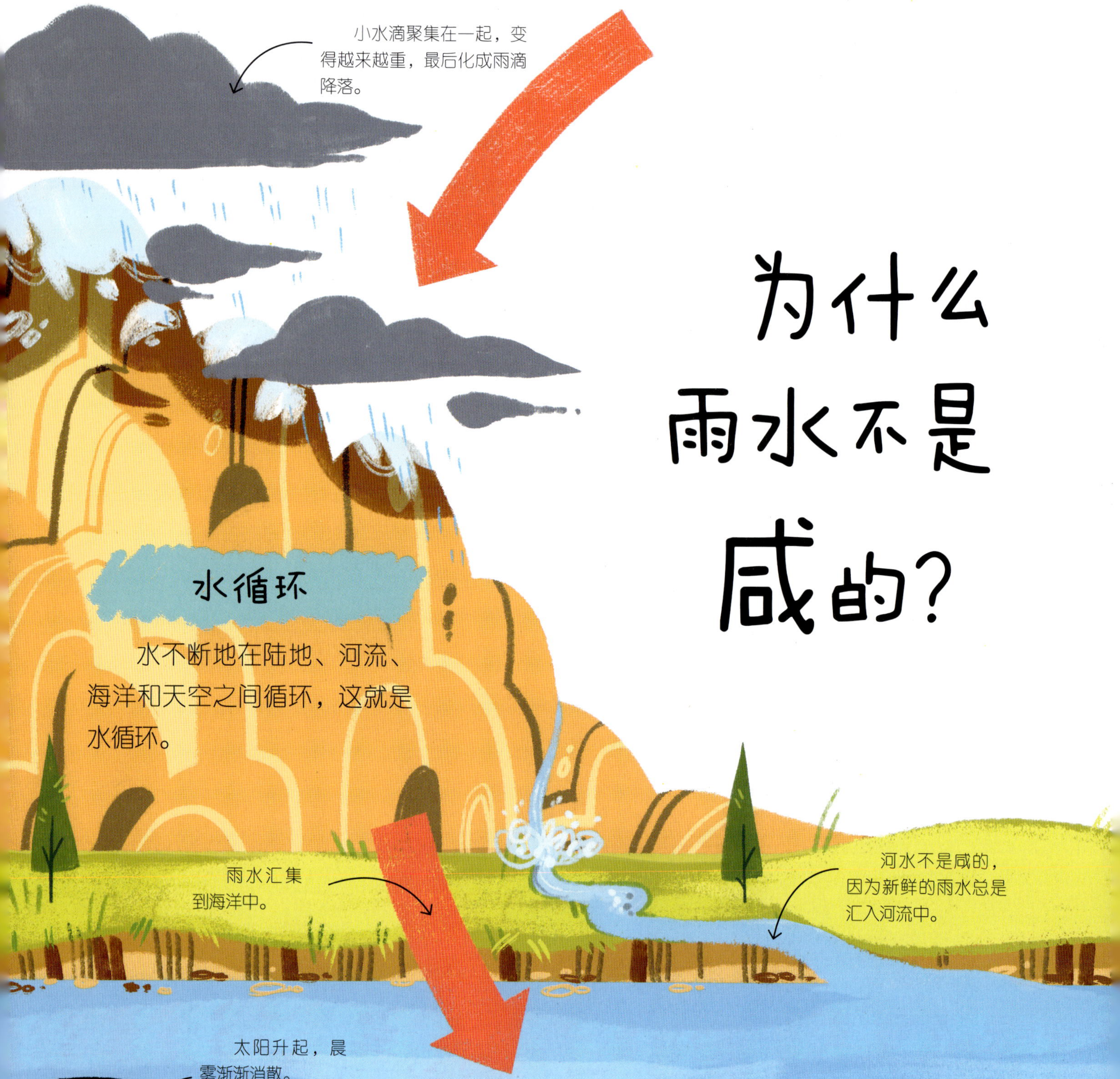

为什么雨水不是咸的？

水循环

水不断地在陆地、河流、海洋和天空之间循环，这就是水循环。

雾是由什么组成的？

“雾是形成于地面附近的云。当含有水蒸气的暖空气冷却时，水蒸气凝结成微小的水滴，小水滴飘浮在空气中，形成雾。”

“海洋蒸发的水蒸气形成了云，云朵里的小水滴聚集在一起，就形成了降雨。这就是**水循环**的一部分。太阳光的热量导致海洋中水汽的**蒸发**，但是盐分依然溶解在海水里。雨水尝起来没有咸味，但是可能和饮用水的味道有所不同。因为当雨水经过大气层的时候，灰尘和其他微粒会进入雨水中。”

太阳

蒸发

水蒸发时，从液体变成一种看不见的气体，称为水蒸气。水变回液体，称为凝结。

云由微小的水滴组成，这些小水滴太小了，可以飘浮在空气中。

植物从土壤中吸收水分，又从叶片上释放水蒸气。

海洋蒸发的水蒸气在空中冷却，并凝结成云。

海水为什么是咸的？

“盐（氯化钠）是最常见的矿物质。盐天然存在于岩石中，很容易溶解入水中。下雨时，雨水会溶解岩石中的盐分。雨水把盐分冲进河里，最后汇入大海中。”

海滩上的这根枯木上覆盖着海水析出的盐分。

狗会哭吗？

“生物学家认为只有人类才真正会流**眼泪**。狗不会哭，尽管它们的眼睛有时候仿佛充满泪水。我们的近亲猿猴也不会哭。然而，动物确实能够感知和表达**情绪**。兔子、狗和大多数哺乳动物可以通过发出各种各样的声音，表达痛苦、焦虑和悲伤。”

人类的情感

这几个孩子把他们的情感表现得淋漓尽致！来自美国加利福尼亚州的科学家保罗·艾克曼博士认为，人类的面部表情中有六种关键的情绪，分别为快乐、惊讶、悲伤、愤怒、厌恶和恐惧。世界各地的人们都以类似的表达方式来表达这些情绪。

悲伤

惊讶

快乐

愤怒

眼泪

据统计，一个人一生中平均会流下65升眼泪——如果是和经常惹人生气的几个兄弟姐妹一起长大的话，眼泪就更多了！

情绪

大多数动物不会像我们人类一样，通过面部表情表达情绪。但是它们发出的声音可以让我们了解它们的情感。猴子会发出尖叫声，猫会嘶嘶地叫，表示它们不高兴，或者警告其他动物“快点离开！”

我鼻子里的鼻屎有什么用？

“鼻屎是一种混合物，包括从鼻子里脱落的已经死亡的细胞、干了的**鼻腔黏液**，以及被称为细菌的微小生物。鼻屎的深色来自我们**呼吸**的空气中的灰尘，这些灰尘被鼻毛拦截。如果我们受到某种细菌**感染**时，鼻涕有可能是绿色或者蓝色的。”

呼吸

当你呼吸的时候，你的身体最不希望的就是灰尘进入肺脏。这就是鼻屎为什么非常重要的原因！

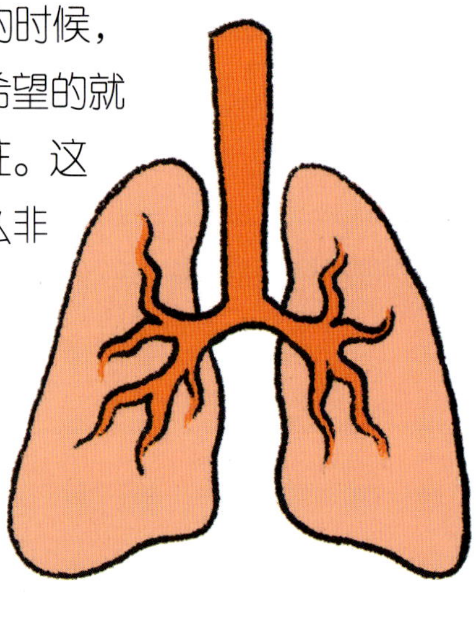

感染

当人体的呼吸系统被感染时，可能会打喷嚏或者咳嗽，清除含有细菌和病毒的黏液。这样会有助于抵御病原体的入侵。

鼻腔黏液

鼻腔黏液是覆盖在你鼻子内部的一种黏稠的液体。它看起来可能挺恶心的，但却有着重要的作用。鼻腔黏液可以黏附灰尘、花粉，甚至是病毒（比如引起感冒的病毒）。

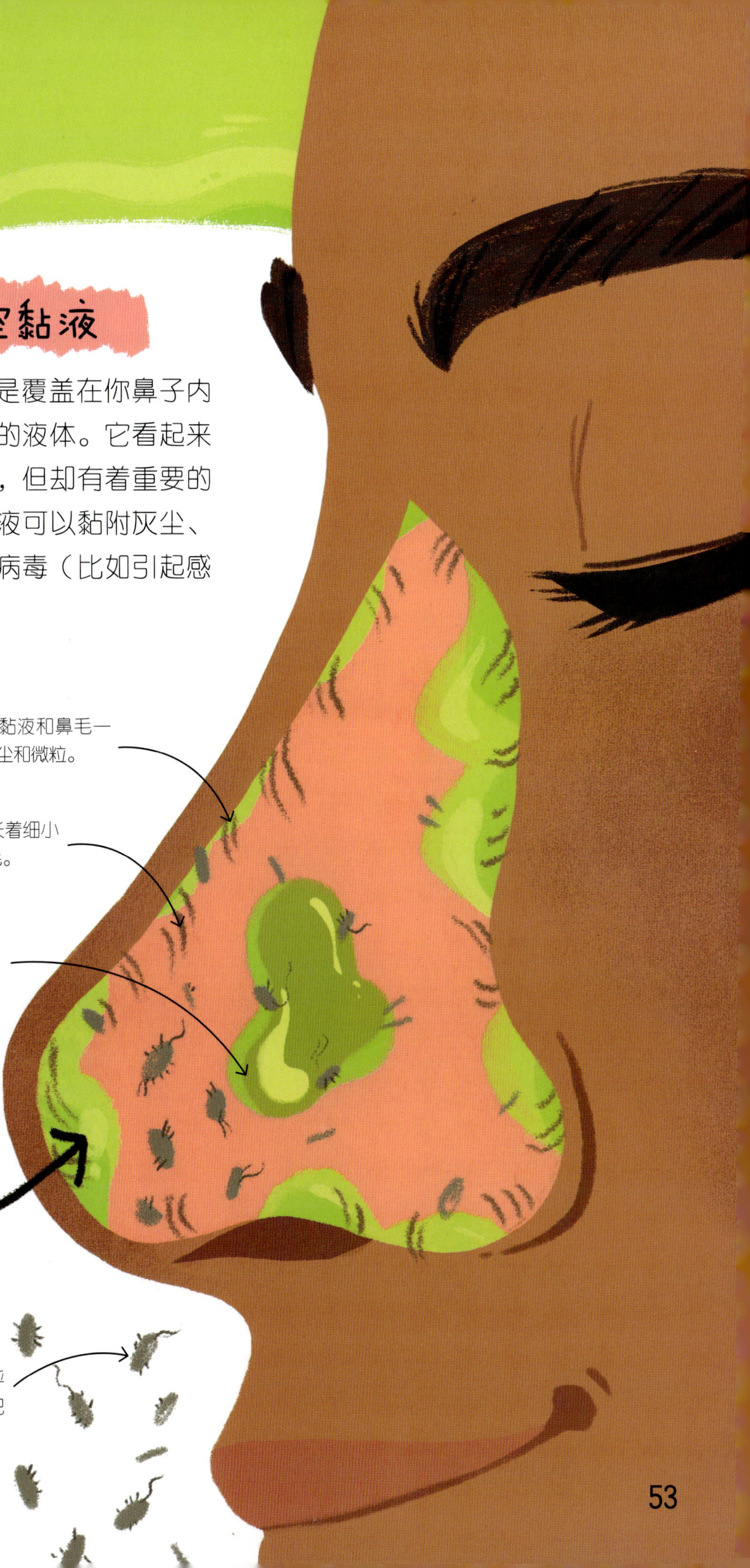

太阳将来有一天会爆炸吗？

太阳

太阳是一颗恒星。恒星是炽热的球型发光等离子体，主要由氢和氦构成，依靠引力凝聚在一起。不同的恒星大小不等，温度、颜色、亮度，以及所含物质方面也各不相同。

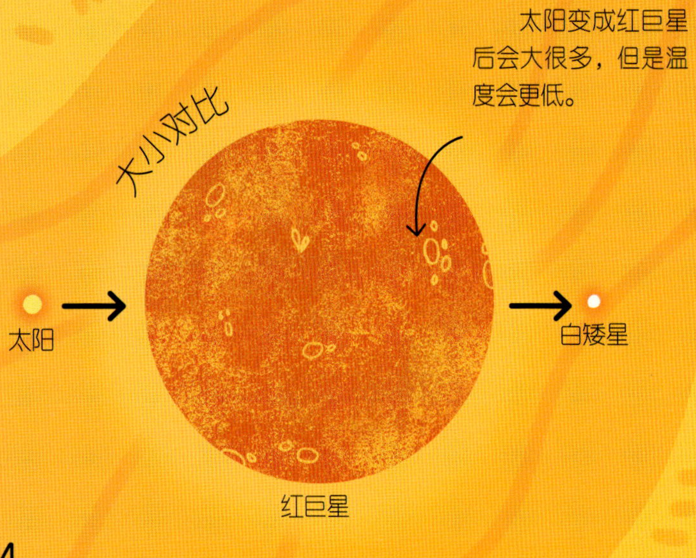

红巨星

中小型恒星的燃料即将耗尽之际，会变成红巨星。由于缺乏氢，恒星的外壳不断膨胀，形成一个比正常大小大许多倍的红巨星。

“只有巨大的恒星才会以一场大爆炸结束自己的生命。好消息是，我们的**太阳**是一颗中等大小的恒星，所以不会爆炸！当太阳的燃料耗尽时，它很可能会变成一颗**红巨星**。然后，它的外层膨胀、扩散，只留下一个冷却、褪色的核心，称为**白矮星**。没人知道这种情况什么时候会发生，但肯定不会在几十亿年之内发生。所以在你的曾曾曾曾曾曾孙离开学校之前，我们不太可能**灭绝**！**”**

翻到88—89页，了解更多关于太阳的知识。

灭绝

灭绝的意思是彻底灭亡，永远消失。比如恐龙就是在大约6500万年前灭绝的。

恐龙可能是因为一颗小行星撞击地球而灭绝的。

白矮星

对于太阳这样的恒星来说，白矮星是它们生命的最后阶段。红巨星残留的内核形成了白矮星。白矮星依然炽热，密度很大，在随后的数十亿年发出微弱的光芒。

为什么水母的触须不会打结？

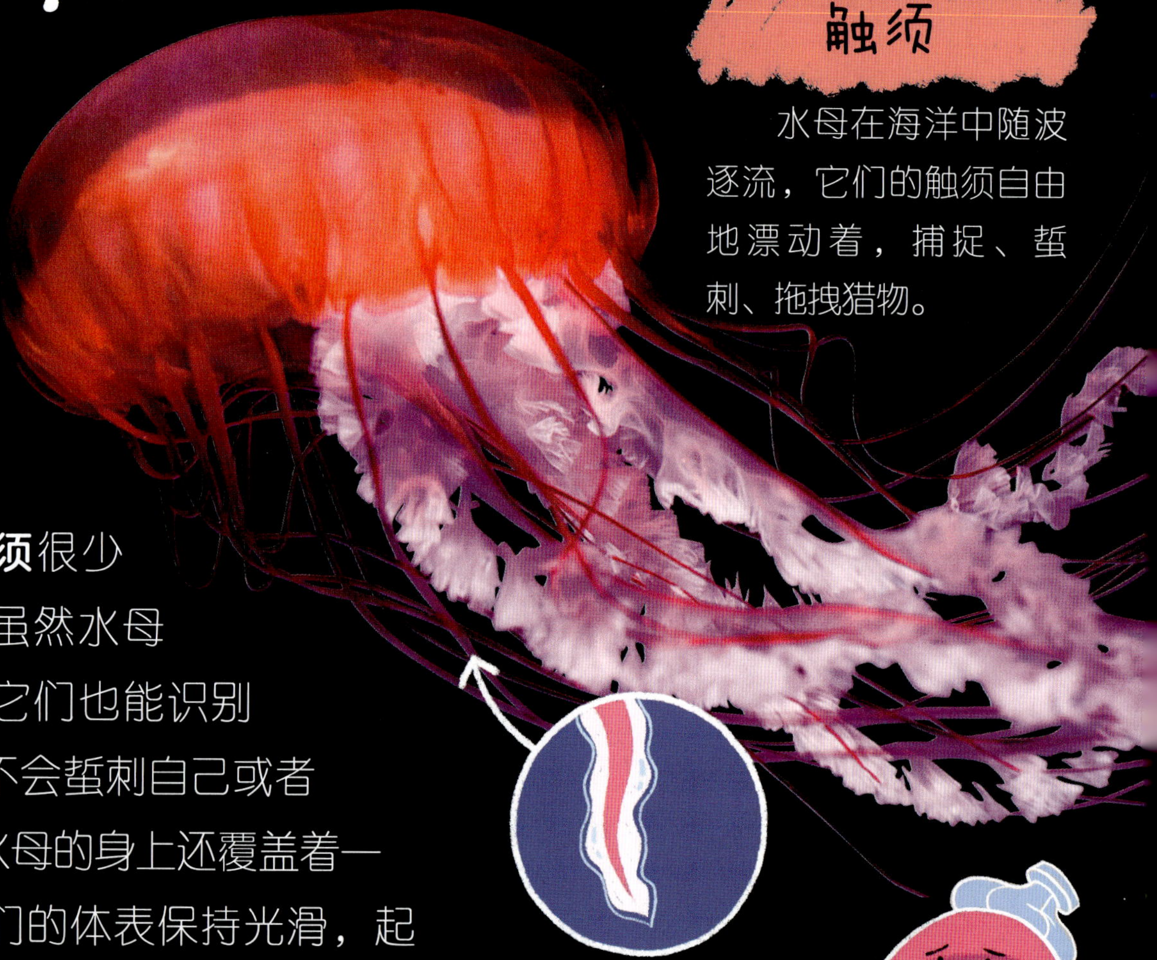

触须

水母在海洋中随波逐流，它们的触须自由地漂动着，捕捉、蜇刺、拖拽猎物。

“水母的**触须**很少缠绕在一起。虽然水母没有大脑，但它们也能识别自己的细胞，不会蜇刺自己或者同类。另外，水母的身上还覆盖着一层**黏液**，让它们的体表保持光滑，起到保护作用。不过，偶尔有这样的情况：如果水母生病了，或者水流的波动太剧烈，它们的触须也可能会打结。我可不想解开它，你觉得呢？”

黏液

水母的体表覆盖着一层黏液，保护它们免受感染。

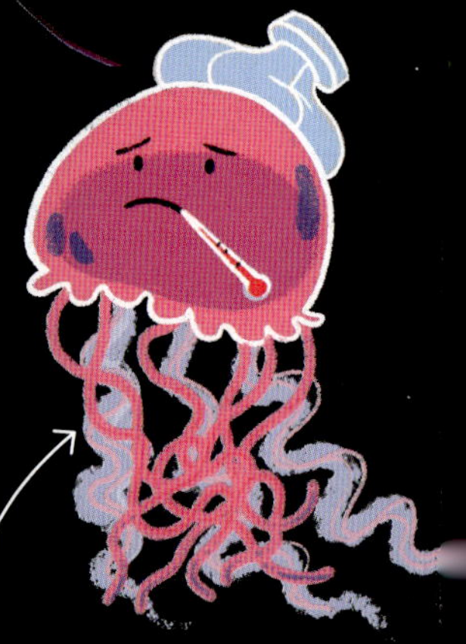

如果一只虚弱的水母无法解开自己缠绕在一起的触须，它可能会舍弃打结的触须。

鱼类在晚上可以看见东西吗？

“大多数鱼类对光线特别敏感，它们能在非常**微弱**的光线下看东西。海水过滤掉了波长较长的光线，只留下蓝光，这是鱼类的眼睛最适应的一种光线。深海里没有光，不过许多深海鱼类可以**发光**。大多数鱼类对振动也很敏感，它们用身体两侧的感觉器官——侧线来感知水压的变化。”

微弱的光

白天，太阳光可以穿透大约200米深处的水域；晚上，月亮和星星只能照亮很浅的海洋表层。

这条长着一口尖牙的鮟鱇鱼利用发光的“钓竿”在黑暗中吸引猎物。

生物发光

有些深海鱼类利用特殊的化学物质发光，还有一些深海生物的体内生活着特殊的、可以发光的细菌。

空气分子是如何产生气压的？

“气压就是作用在物体表面的大气压力。尽管组成空气（主要成分是氮气和氧气）的气体分子非常小，但它们依然具有质量，地球的引力也就会赋予它们重量。**大气**中数量庞大的气体分子的总重量就非常可观了，它们对大气层下方的一切物体施加压力。海平面上的气压最大，因为其上有最多的空气。海拔越高，上面的空气层越稀薄，所以气压也就越小。”

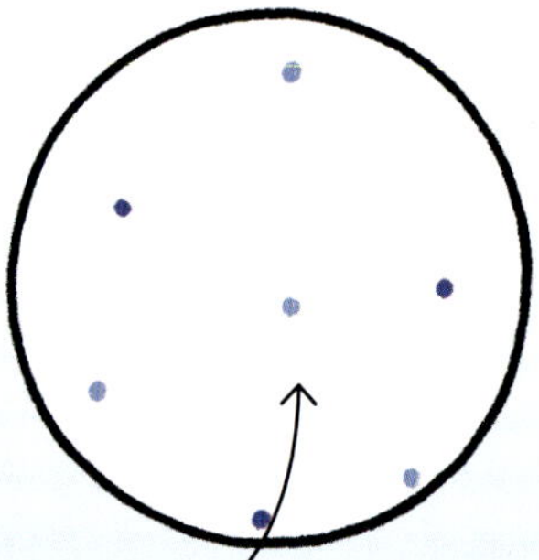

山顶上的空气分子间距更大，因此气压更小。由于这里空气稀薄，我们必须加快呼吸频率，才能获得足够的氧气。

地面上的空气分子更密集，因此气压更大。

大气

大气中的空气分子不断地运动，与周围的一切物体相互碰撞。

一枚硬币中含有多少原子？

“一枚英国的1便士硬币重约3.6克。一枚美国的1美分硬币重约2.5克。我们选用1美分硬币来计算，这样更容易一些。1美分硬币含有锌和铜。一枚1美分硬币大约含有2.24×10^{22}个锌原子和5.92×10^{20}个铜原子，总共大约有20 000 000 000 000 000 000 000个**原子**。我承认这个数字只是近似值，但我花了很长时间才数完。而且因为原子太小了，有些原子我可能数了两遍！”

翻到105页，了解更多关于原子的知识。

原子

原子是构成宇宙万物的基本单位。原子由原子核和绕核飞速旋转的电子组成。

为什么巧克力特别美味？

“**巧克力**是一种**高热量**食物。巧克力中还含有兴奋性物质，可以作用于我们的大脑，使我们感觉良好。大约10万年前，生活在非洲平原上的**人类祖先**非常脆弱，他们行动缓慢，没有尖牙和利齿。由于食物匮乏，所以他们会吃掉一切可以果腹的食物，而且会尽量多吃一些。今天，即使我们已经摄入足够多的热量，我们依然渴望吃巧克力这样的高能食物。”

高热量

人体通过蛋白质、脂肪和碳水化合物这三大营养物质获取能量。这三类物质在巧克力中都有。

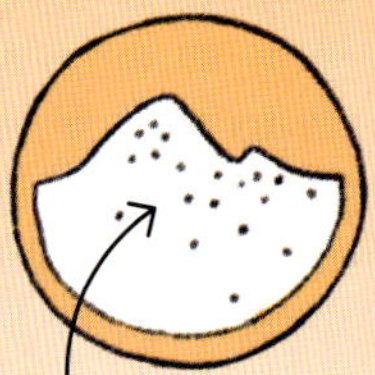

糖是碳水化合物中的一种，我们可以从中获得能量。可可豆也含有碳水化合物。

牛奶富含蛋白质，巧克力中经常加入牛奶。

可可脂是一种优良的脂肪。

巧克力

巧克力是用可可树的种子——可可豆制成的。收获之后的可可豆被加工成两种原料——可可浆和可可脂，然后混合制成巧克力。

翻到95页，了解更多关于味蕾的知识。

人类祖先

随着时间的推移，人类祖先学会了很多生存技能。他们能获得更多的食物，这让他们的大脑更加发达。最终，他们进化成了今天的人类——智人。

我们能看见电线里的电流吗？

“电是电子流动形成的。电子是原子的组成部分，非常微小，肉眼根本看不见。不过，你可以看见电的作用。如果强大的电流通过一根纤细的、裸露的导线，会遇到电阻，导线可能会发热。如果导线的温度非常高，就会开始发光，变成红色或者亮白色。电还可能产生**电火花**。”

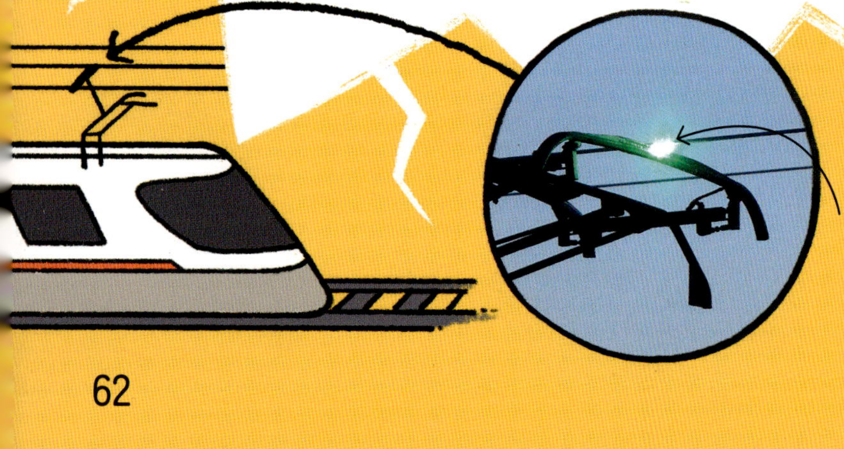

当电车通过电缆获得电能时，就可能产生电火花。

电火花

电火花就像微型的闪电。强电流作用于空气分子，使其发光。

为什么我们有时候会电到别人？

“当我们摩擦物体时，如衣服，电子就可能会从物体转移到我们的身体上，这就形成了静电。人体是良**导体**，**电流**可以通过我们的身体。因此，如果我们接触其他人，静电电荷可能会像微小的电流一样跃迁到他们身上，造成微电击。不要玩电器，因为剧烈的电击会烧伤你的皮肤，甚至使你的心脏停止跳动，非常危险。”

导体

导电

我们的身体里含有大量的盐水，这些液体可以导电。大多数金属的导电性很好，是良导体。

不导电

不导电的物质，如橡胶，称为绝缘体。

电流

电流是流动的电子。当你把一个灯泡连接在电池上时，电流会经过灯泡，并让灯泡发光。

我锻炼后为什么会肌肉酸痛？

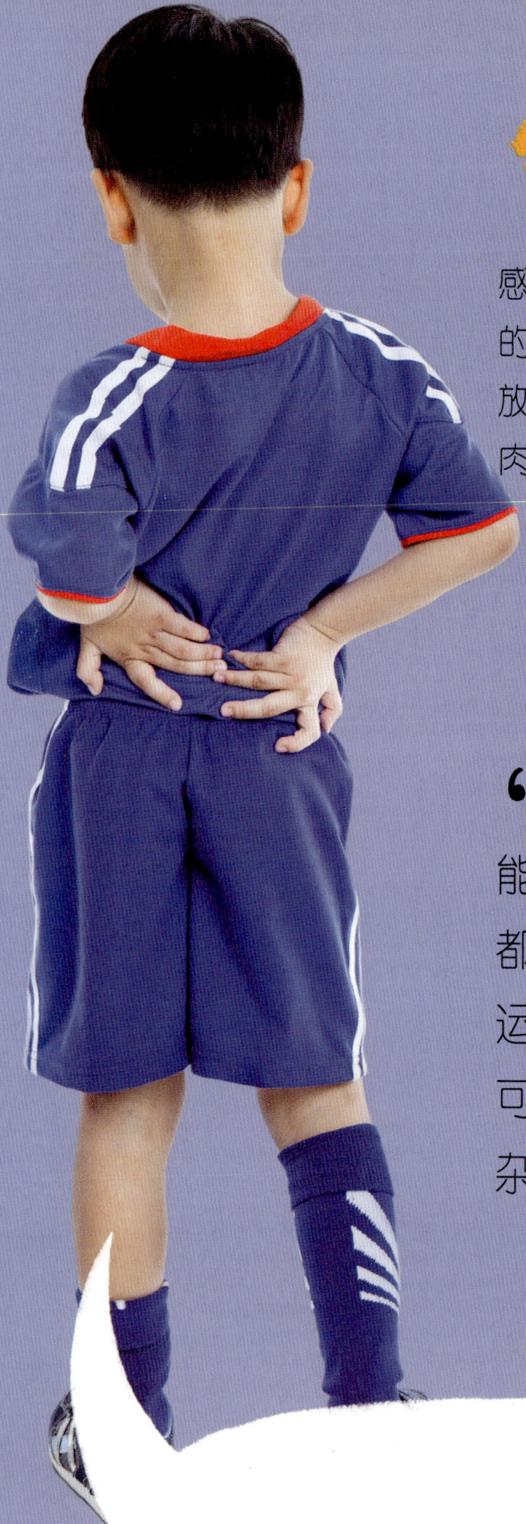

乳酸

当我们运动过度的时候，会感到肌肉酸痛，这是乳酸造成的。这种不舒服的感觉会让我们放慢或者完全停止运动，防止肌肉损伤，让身体逐渐恢复。

长时间骑行之后，骑手的腿部肌肉里会累积大量的乳酸。

“在运动过程中，葡萄糖与氧气结合，产生能量来驱动肌肉。随着肌肉的血液中所有氧气都消耗殆尽，葡萄糖会分解成**乳酸**。这可能是运动时肌肉酸痛的原因，但是运动后的疼痛也可能是其他原因引起的。如果你觉得这很复杂，对于科学家来说也是一样的！”

我弟弟锻炼后为什么浑身臭烘烘的？

“这种臭味是由**细菌**产生的，它们以汗液为食。男孩儿的运动量总是很大，所以他们容易分泌更多的汗液。在你弟弟的体表或体内，可能生活着超过40万亿个细菌。成年以后，皮肤上的细菌数量还会增加，许多细菌喜欢生活在阴暗潮湿的地方，如一个十几岁少年的腋窝或者脚丫子上。让你弟弟用香皂好好洗澡，如果他不愿意，在他锻炼之后把他赶到花园里，用水管把他从头到脚冲洗干净。”

细菌

细菌是一种微生物，每一个细菌都是由一个细胞组成的。有些细菌是有害的，但是大多数生活在我们皮肤上、呼吸道和肠道里的细菌是有益菌，可以帮助我们保持身体健康。

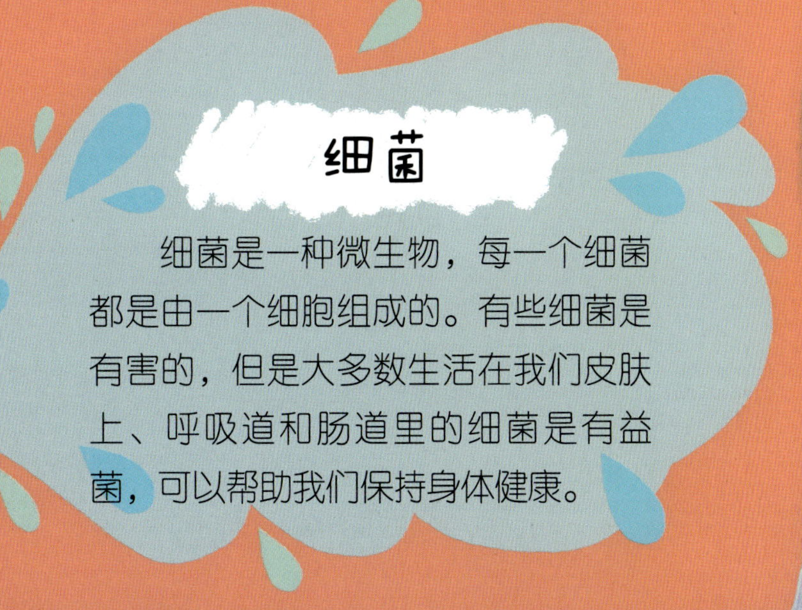

有没有灭绝的企鹅?

“有的，有几种企鹅灭绝了。其中一种称为**卡氏古冠企鹅**，生活在大约4000万年前。这是一种巨型企鹅，身高约1.6米，体重约115千克。2014年，在南极洲工作的阿根廷科学家发现了卡氏古冠企鹅。**剑喙企鹅**是另一种已经灭绝的南极洲巨型企鹅。研究该地区化石的科学家卡罗琳娜·阿科斯塔说，那是一段企鹅的黄金时期，有10至14种企鹅生活在南极洲海岸。”

南半球鸟类

今天，企鹅只出现在南半球。体型最大的企鹅是生活在南极洲的帝企鹅。

即使是最大的帝企鹅也没有卡氏古冠企鹅高。

卡氏古冠企鹅

科学家认为，为了捕捉鱼类，卡氏古冠企鹅可以潜水长达40分钟——比今天的鸟类潜水冠军帝企鹅多15分钟。

剑喙企鹅

在卡氏古冠企鹅发现之前，已知体型最大的灭绝企鹅是剑喙企鹅，它们的身高比卡氏古冠企鹅稍矮，体重接近83千克。

电灯为什么会发光？

“当电流经过灯泡内的灯丝时，灯丝就会变热、发光。这是因为这种被称为灯丝的金属丝非常细，能够阻挡电流的流动，将电能转化为热能和光能。灯丝通常是由一种称为**钨**的金属制成的，钨的熔点非常高，不容易熔化。为了防止灯丝燃烧，灯泡里的氧气被惰性气体（不容易发生化学反应的气体）取代。有些灯泡里注入了**卤素**气体，比如碘或溴。”

LED灯

发光二极管（LED）通过一种叫作半导体的材料来发光。LED灯比其他类型的灯效率更高——它们的使用时间更长，耗电更少。这是因为LED灯损失的热能很少。

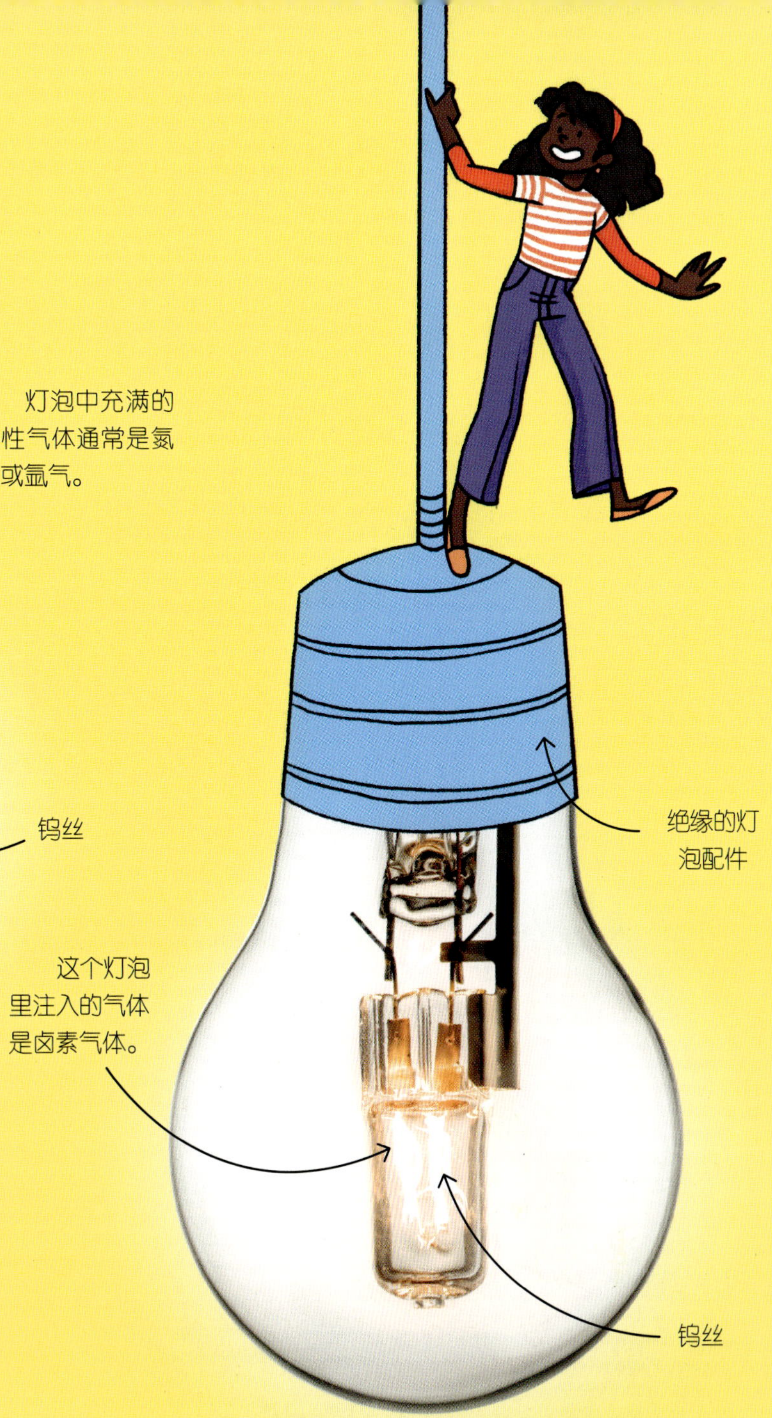

钨

钨丝非常纤细、易断。如果灯泡掉在地上，有可能玻璃罩没有摔碎，钨丝却断裂了。

卤素

灯泡里注入的卤素气体有助于保护灯丝。卤素灯泡的使用寿命是其他灯泡的两倍。

为什么把化学物质混合

“化学物质混合时通常不会爆炸。如把食盐（氯化钠）加入醋（醋酸）中，并不会发生什么，而且吃起来味道还不错！如果要产生爆炸，化学物质之间必须要发生剧烈的**化学反应**。反应产生的能量通常以热能的形式释放出来。当反应产生的气体温度急剧升高时，会**迅速膨胀**，引起爆炸。”

化学反应

化学反应是指两种或两种以上物质混合在一起，发生化学变化。可乐中的气泡来源于其中溶解的二氧化碳。如果你把薄荷糖放进健怡可乐里，会迅速产生大量的气泡——速度之快，甚至会把健怡可乐从瓶子里喷射出去！

从健怡可乐瓶中喷出的泡沫喷泉。

在一起会爆炸？

3.嘣！

火药筒中的火药被引爆。五颜六色的烟花是金属粉末燃烧产生的。

2.嗖——

引线引燃少量火药，小范围爆炸产生的高温气体将火药筒发射到空中。

1.嘶嘶

点燃引线，燃烧的引线提供热量，启动随后的化学反应。

迅速膨胀

烟花里含有火药。火药点燃后，与空气中的氧气发生化学反应，产生高热气体，气体迅速膨胀，发生爆炸。

翻到102—103页，了解更多有关火山爆发的知识。

要膨胀，不要爆炸！

做面包时，面团中的酵母分解淀粉，产生二氧化碳。这些气体让面团“发”起来。幸运的是，这是一个缓慢的膨胀过程——要不然，烘焙就会变成危险的事情啦！

宇宙中有多少个星系？

“**哈勃空间望远镜**用很长的时间拍摄宇宙中的一小片区域，收集来自可见宇宙边缘的微弱光线。它在这个小范围内发现了1万个**星系**。根据哈勃空间望远镜的观测，天文学家估计整个宇宙中有1000亿到2200亿个星系。新的研究表明，宇宙中的大部分星系是我们用望远镜无法探测到的，所以真正的星系总数约为2万亿个。”

星系

星系是巨大的恒星群，通过引力聚集在一起。已知最大的星系IC 1101比我们的银河系大50~60倍。

哈勃空间望远镜

哈勃空间望远镜在地球的大气层之上运行，它拍摄的照片比地面望远镜清晰得多。

太阳系的年龄有多大？

“根据测算陨石中岩石的年代，科学家推测**太阳系**大约有46亿年的历史。”

太阳系

太阳系的八大行星是太阳形成后遗留下来的物质组成的。

地球是在缩小、扩大，还是保持不变？

“我们认为地球的大小大致不会变化。测量表明，地球的半径仅以每年0.1毫米的速度缓慢扩张。”

“ 严格来说，大多数恐龙没有翅膀，但是它们的一些爬行动物亲戚拥有翅膀。最著名的飞行爬行动物是**翼手龙**，它的翼展为1米。不过，还有一种会飞的爬行动物令人更加印象深刻，那就是**风神翼龙**。它的翼展可达

恐龙长翅膀吗?

风神翼龙

这种巨大的爬行动物生活在大约7000万年前，它以小型恐龙为食!

15米——比伦敦的公共汽车还长。它有一张又长又大的嘴，光是起飞就需要消耗很多能量。风神翼龙在空中滑翔，科学家认为它的最高时速超过80千米。”

翼手龙的翅膀狭长而有力。

翼手龙

这种爬行动物的“无名指”非常长，用来支撑翅膀。它的学名意思是“长翅膀的手指”。

一个九岁的孩子在巨大的风神翼龙面前显得特别矮小。

鸟类

你知道恐龙的近亲至今依然存在吗？这就是鸟类！它们是长有羽毛的小型恐龙的后代。

我们为什么要有大脑？

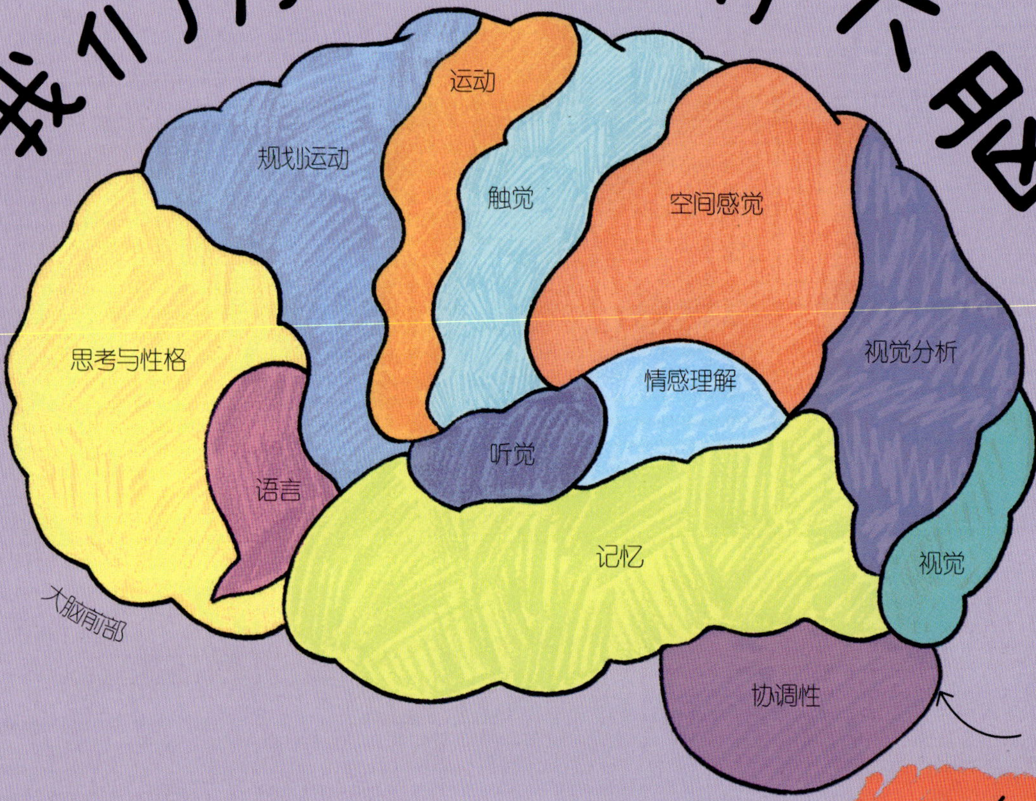

大脑可以分为具有特定功能的不同区域。

“你的大脑帮助你阅读这本书——去看、去思考、去想象、去解决问题、去回忆，它还控制着你的**生命机能**，如心跳和呼吸。大脑也帮助你感受温暖、疼痛和触摸等感觉，以及悲伤、快乐和愤怒等情绪。然而，不是所有的动物都需要大脑，有些**海洋生物**没有大脑也能生存。”

生命机能

思考、记忆、说话和运动这样的高级生命机能，都是由大脑皮层控制的。

海洋生物

刚出生的海鞘像一只小蝌蚪一样游来游去，它长着一个微小的脑，帮助它看东西和活动。成年后，海鞘附着在岩石上，眼睛、主要神经和大脑消失，最后只剩下一张嘴和一个胃！

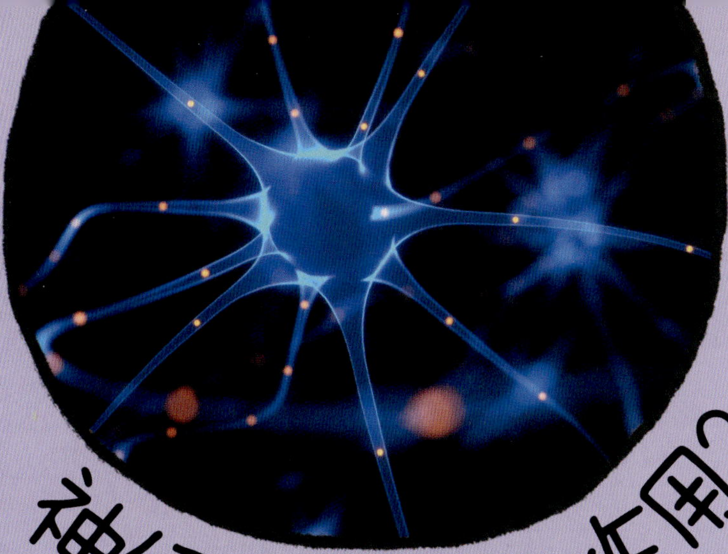

神经元有什么作用？

“神经元就是神经细胞，通过传导电信号，让你可以进行活动和产生感觉。你的大脑大约有800亿个神经元，这些神经元彼此联系在一起，帮助你思考、活动和执行身体的重要生命机能。”

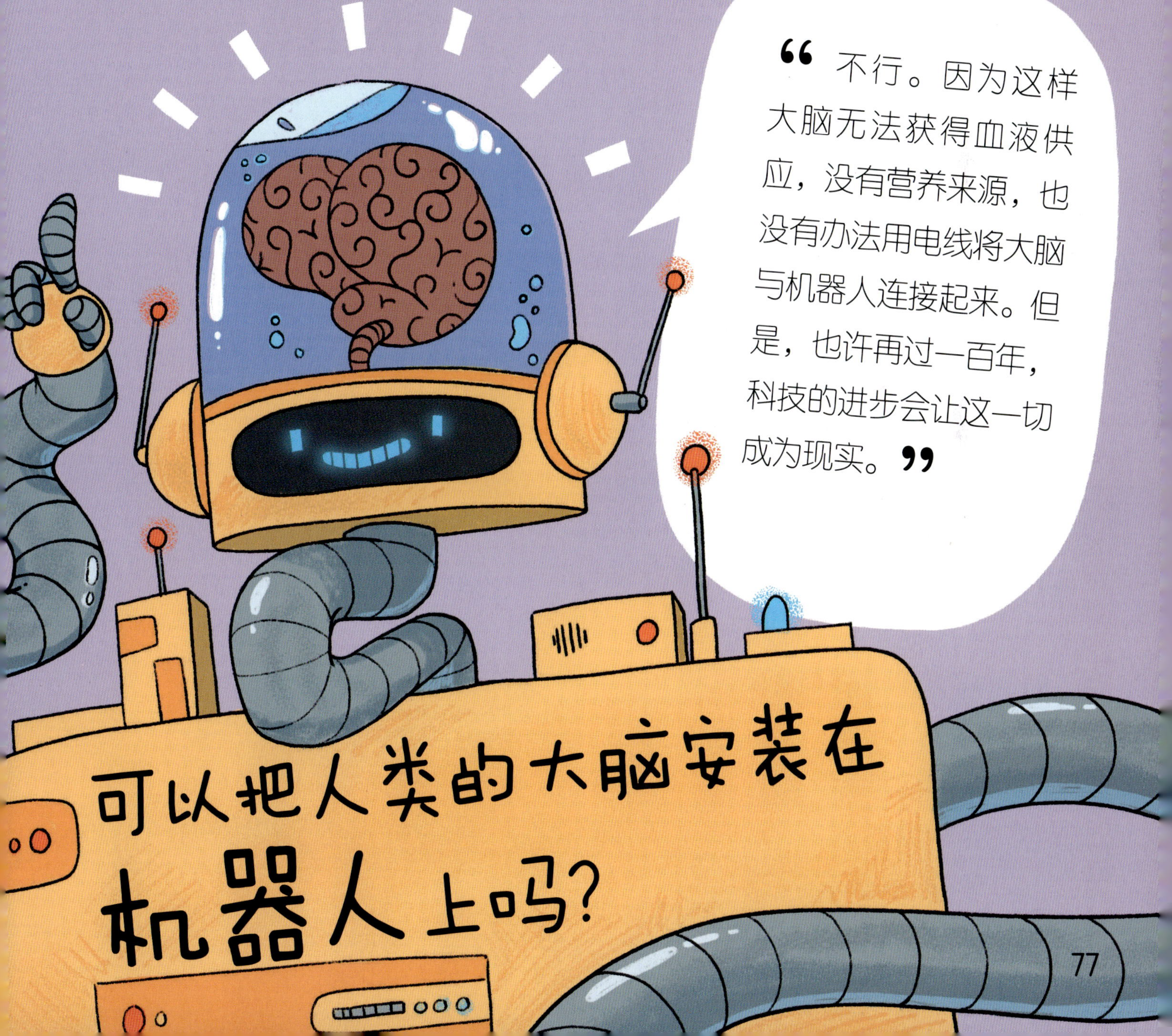

可以把人类的大脑安装在机器人上吗？

“不行。因为这样大脑无法获得血液供应，没有营养来源，也没有办法用电线将大脑与机器人连接起来。但是，也许再过一百年，科技的进步会让这一切成为现实。”

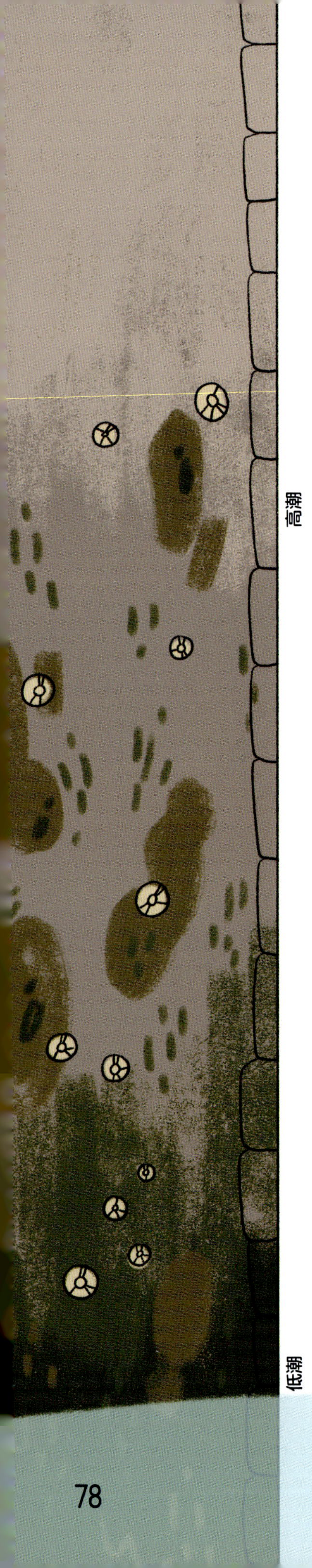

月亮是如何影响潮汐的？

“**潮汐**是月球对地球的**引力**形成的。这种引力在面向月球的地球一侧最大，在这里，月球的引力将海水拉起，形成高潮。与此同时，在地球的另一侧，月球的引力较弱，海洋向相反的方向牵拉，形成第二个高潮。低潮是在月球引力最弱的时候形成的。由于地球自转，海洋大约每24小时有两次高潮和两次低潮。”

翻到89页，了解更多有关月球的知识。

高潮

低潮

潮汐

地球的自转和月球的位置带来了潮涨潮落。高潮时，海水涌上海滩，吞没陆地；低潮时，海水退去，露出被淹没的滩涂。

引力

引力是物体之间一种看不见的力。月球的引力在地球的一侧比另一侧更大，牵引海水，形成地球两侧的高潮。地球的引力比月球更大，因此海洋不会被月球吸走。

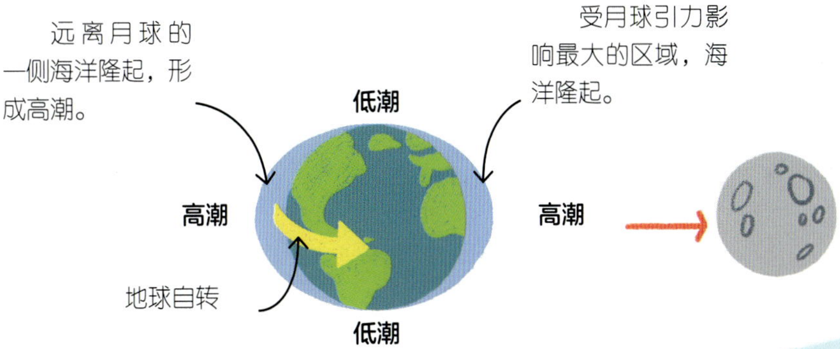

我咯吱自己时为什么

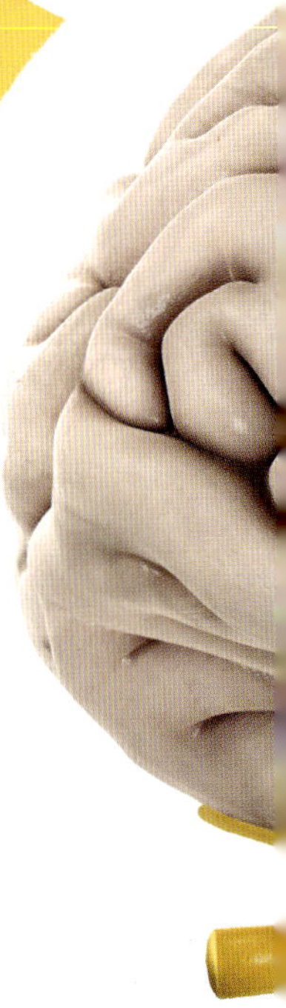

“当你**咯吱**自己的时候，身体会动起来。你的**大脑**控制着身体的活动，它知道你将要做什么，也能预测会产生什么样的感觉。但是，当你被别人咯吱的时候，有一些动作是你的大脑无法预测的。大脑中能够预测你的动作的部分称为小脑，但是它并不知道你旁边的人要做什么。”

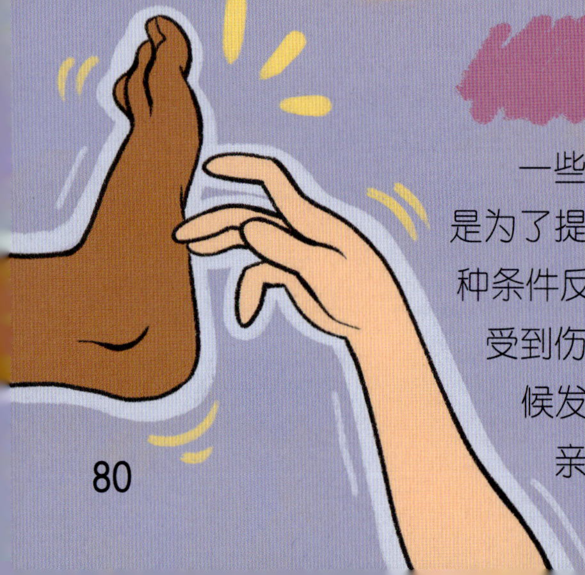

咯吱

一些专家认为，被咯吱时感觉痒痒的，是为了提高自我保护能力——我们发展出这种条件反射（自发的反应），来保护身体不受到伤害。另一些专家认为，被咯吱的时候发出的笑声有助于人类成员之间建立亲密关系。

感觉不到痒？

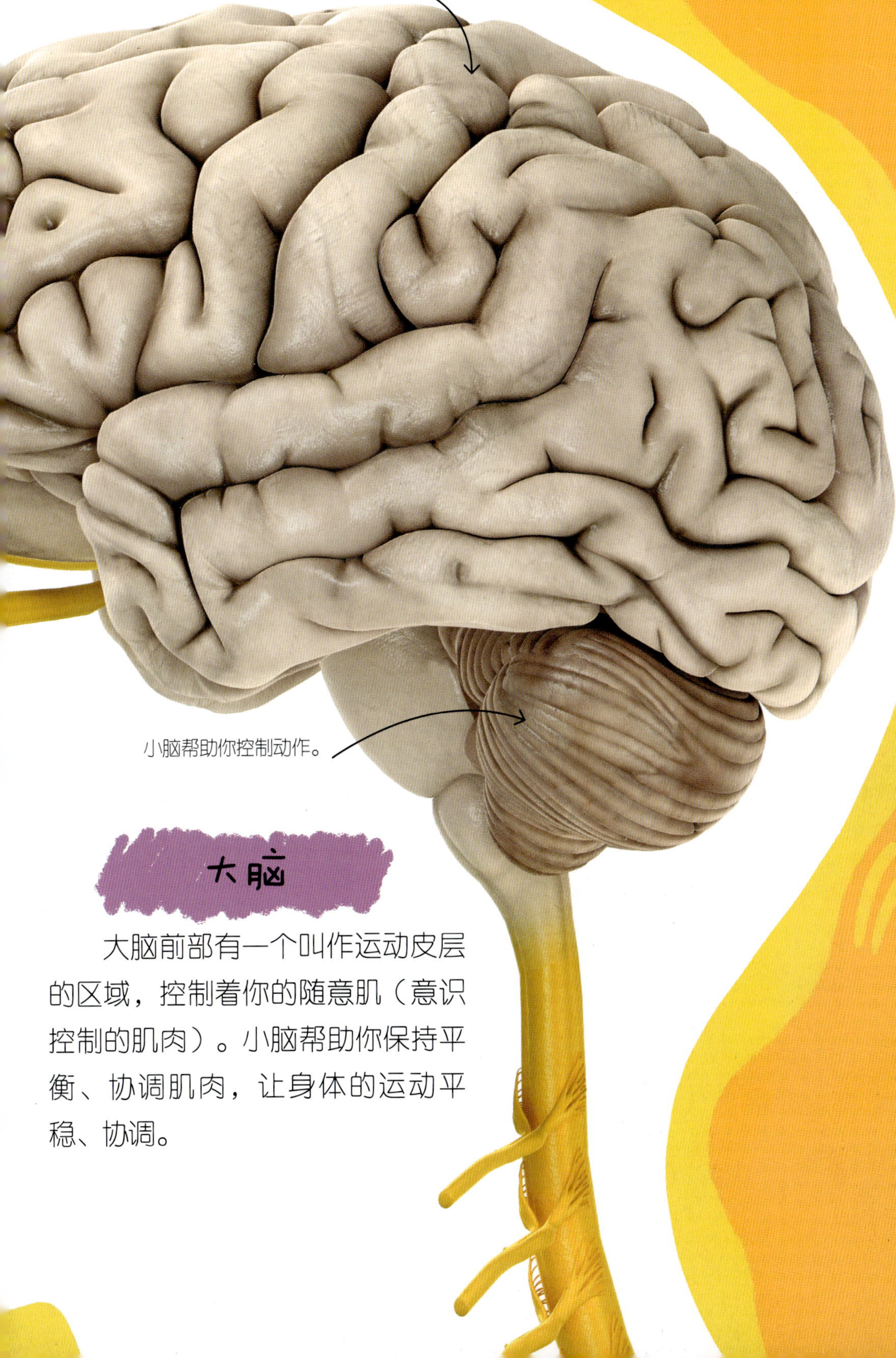

大脑

大脑前部有一个叫作运动皮层的区域，控制着你的随意肌（意识控制的肌肉）。小脑帮助你保持平衡、协调肌肉，让身体的运动平稳、协调。

每个人都有容易被咯吱的不同的身体部位，上图所示是最常见的部位。还有些人在被咯吱之前就开始笑了。

为什么鸟会飞？

“鸟类**翅膀**的上表面略微弯曲，下表面更平。因此，当一只鸟在空中飞行或**滑翔**时，掠过翅膀上表面的空气比掠过翅膀下表面的空气移动的距离更长，导致翅膀上方的气压更低，产生一种朝上的力，称为升力。”

人类能飞行吗？

“人类一直梦想飞行。古人把自制的翅膀绑在胳膊上，在山顶扇动翅膀，尝试起飞。然而，我们的身体比鸟类笨重，骨骼没有鸟类轻盈，肌肉也不够发达，所以从高处一跃而下，并不能让我们飞翔，反而会受伤。现在，人类终于可以飞上天空了——这是因为我们运用聪明的大脑制造出了飞机等飞行器。”

翅膀

鸟儿拍打着翅膀，飞上天空。长而硬的飞羽提供了额外的升力和推力。

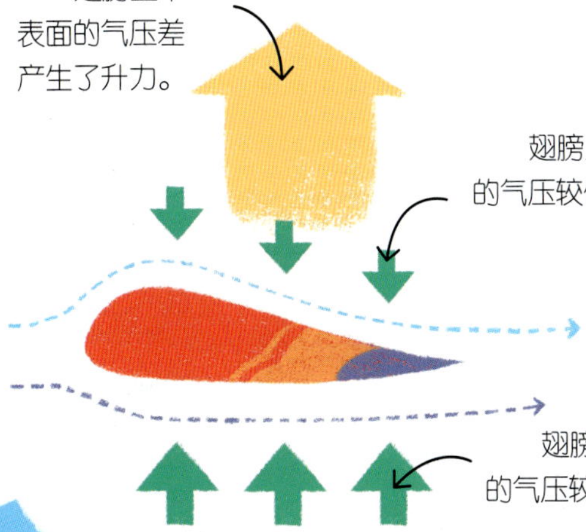

滑翔

翼展较长的鸟类可以滑翔很远的距离，其间很少扇动翅膀。这种飞行方式非常节省体力。

为什么飞机的速度非常快？

翻到82—83页，了解更多关于鸟类飞翔的知识。

飞行史

莱特兄弟的双翼飞机

1903年，莱特兄弟驾驶世界上第一架以发动机为动力的飞机——“飞行者1号”，在美国北卡莱纳州小鹰镇基蒂霍克海滩成功试飞。第一次飞行仅持续12秒，飞跃36米。

寇蒂斯“知更鸟”C-1

这款螺旋桨驱动的飞机于1928年首次升空。在1929年它创下了17天半的最长飞行纪录。倾斜的螺旋桨叶减少了飞机前部的空气压力，推动飞机向前。

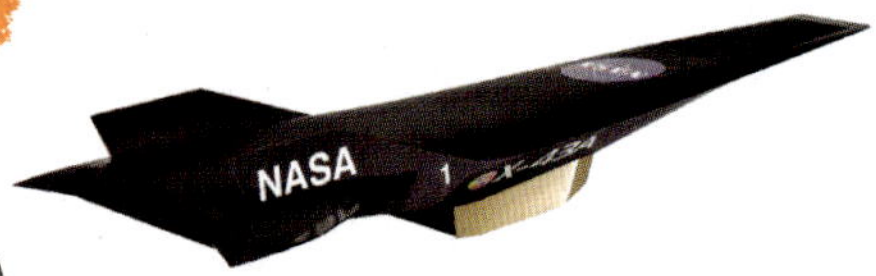

X-43A

2004年，这款X-43A喷气式飞机破纪录地达到近11300千米/时的速度。

阻力

阻力是减缓飞机速度的力。这是由于飞机飞行时与空气的摩擦造成的。

喷气式引擎

当一架喷气式飞机燃烧燃料时，热气流从引擎后部喷射出来，将飞机推向前方。

流线型

喷气式飞机有着光滑的流线型外形，能够轻松地穿过空气层，将阻力降至最低。

“纵观**飞行史**，飞机的速度越来越快。为了飞得快，飞机必须减少空气的**阻力**。飞行速度快的飞机是**流线型**的。速度最快的飞机具有**喷气式引擎**。喷气式飞机比早期装有螺旋桨的飞机具有更强的动力、飞得也更高——螺旋桨飞机无法飞得太高，因为高空中的空气太稀薄了。越稀薄的空气也意味着阻力越小，飞机飞得越快。速度最快的喷气式飞机X-43A，飞行高度超过30千米。”

“**皮肤**表面天然分泌的油脂称为皮脂。在洗澡的时候，皮脂会被洗掉，水分渗透进皮肤，皮下组织因此肿胀起来。有些科学家认为，这种褶皱效应是进化的结果，皱巴巴的手指更容易抓住湿乎乎的东西。我们的祖先有可能每天花费数小时**捕鱼**，褶皱可以帮助他们更容易抓住猎物。这是一个聪明的推论，但谁知道是否是正确的？当你洗澡的时候，皱巴巴的手指能不能帮助你更顺利地拿起一块滑溜溜的香皂或一只橡皮鸭？”

洗澡的时候，手指为什么

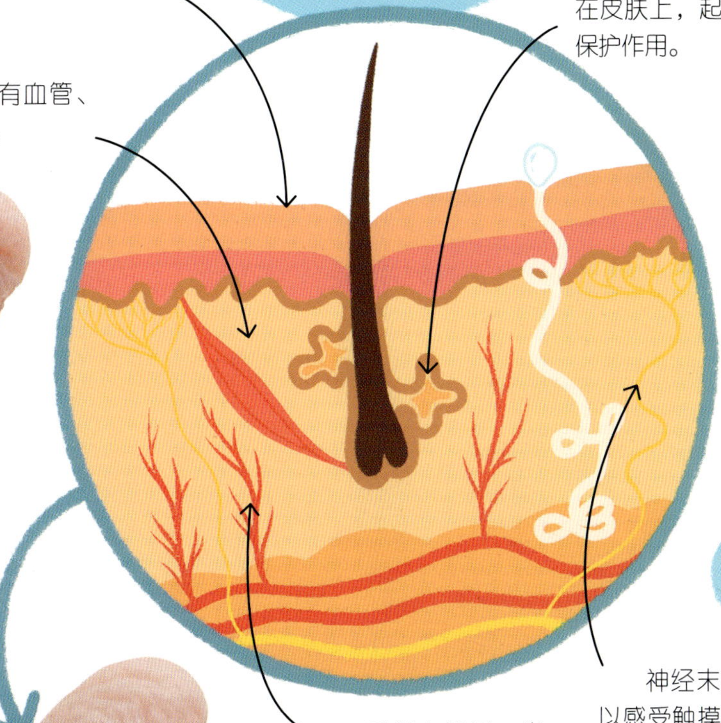

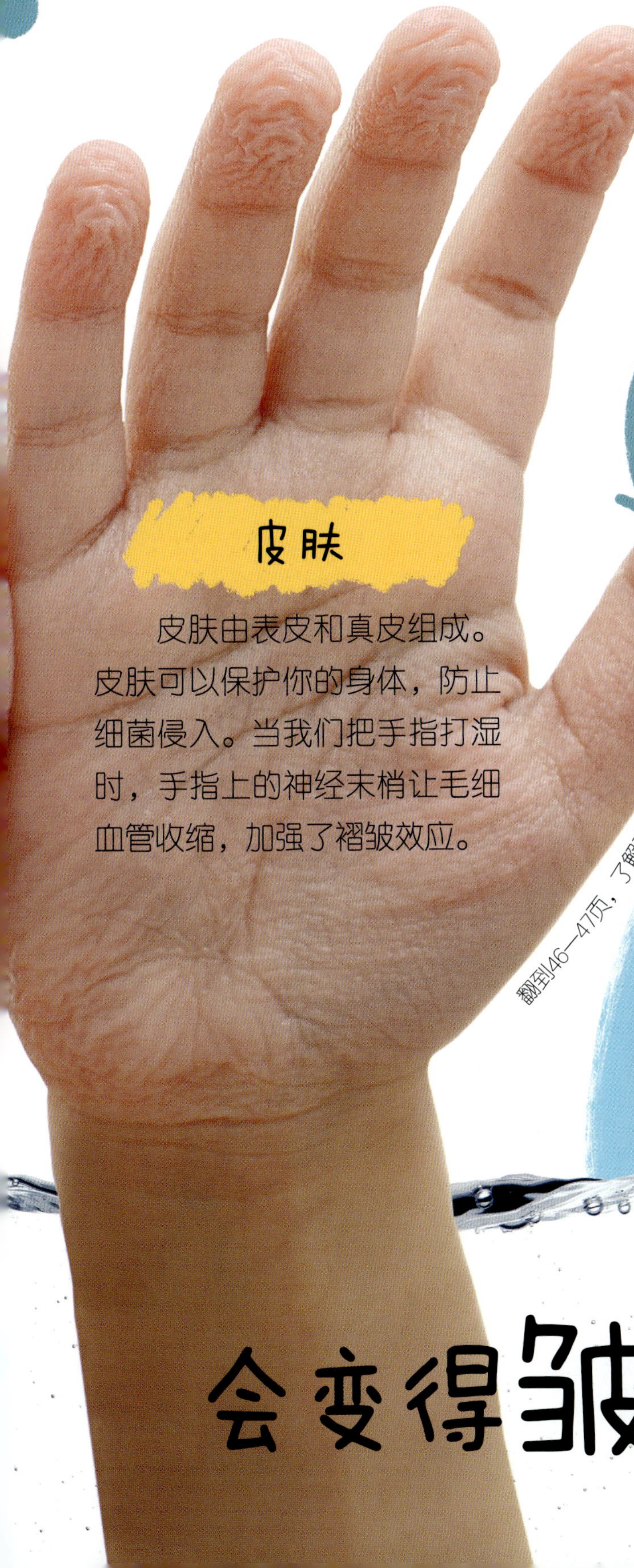

皮肤

皮肤由表皮和真皮组成。皮肤可以保护你的身体，防止细菌侵入。当我们把手指打湿时，手指上的神经末梢让毛细血管收缩，加强了褶皱效应。

翻到46—47页，了解更多关于皮肤的知识。

捕鱼

在人类祖先发明渔网、鱼竿和鱼叉之前，他们徒手抓鱼。有些科学家认为，皱巴巴的手指能帮助人类祖先更容易抓到鱼，让他们更有可能存活下来。

会变得皱巴巴的？

为什么我走，太阳也跟着走？

“严格来说，**太阳**并没有跟随我们，而是我们跟随太阳。地球绕着太阳**运行**，由于地球的自转，太阳在天空中的位置总是在变化，但变化非常缓慢。每当我们抬头看的时候，太阳似乎总在同一位置，这让人产生一个错觉：太阳一直跟在我们身后。”

太阳

太阳的直径约为139.2万千米，相当于109个地球排成一行。

运行

地球受到太阳引力的作用，绕着太阳运行。地球绕太阳一圈需要一年的时间。

从我们在地面上的位置，通常不会注意到由于地球自转和公转引起的太阳位置的变化。但我们可以看到它带来的影响，比如逐渐拉长的阴影。

为什么月亮有时候会在白天出现？

“在晴朗的夜空中，月亮非常明亮，因为月球的颜色很浅，而且距离地球非常近。月球围绕地球运行的轨道并不是一个完美的圆形。当月球处在某个位置时，即使是在能看见太阳的情况下，我们也能看见从月球表面反射回来的太阳光，这时月亮就在白天出现了。”

怎么制造

“据记载，中国是最早**制造卫生纸**的国家。公元14世纪，当时中国在**明太祖朱元璋**的统治之下，已经开始大量生产卫生纸了。卫生纸是用非常细小的木屑制成的薄而柔韧的纸。人们把木屑放在水中搅拌，直到形成一种糊状物——纸浆，然后将纸浆铺成薄薄的平面、烘干、卷成纸卷。卫生纸非常柔软，上面布满微小的孔隙，便于吸收液体。”

制造卫生纸

砍下的树干被剥去树皮，粉碎，与水和化学物质混合，制成纸浆。

1.准备纸浆

纸浆通过巨大的滚筒被压成薄片，烘干，制成长度非常长的纸胚。

2.造纸

卫生纸？

明太祖朱元璋

传说明太祖朱元璋（出生于公元1328年）及其家人十分讲究生活的舒适方便。他们每年要使用15000张又柔软又芳香的卫生纸。这是在古代的一大进步。2000年前，中东人如厕后用鹅卵石擦拭，一定很不舒服吧！

回收利用

有些卫生纸是用回收的旧报纸等做成的。回收纸意味着砍伐更少的树木，更有助于保护地球环境。

然后，纸坯被切割、打孔（方便把卫生纸撕下来），缠绕在纸筒上，成为长长的纸卷。再用机器把纸卷切短，变成我们常见的卫生纸卷。

3.烘干与切割

最后，卫生纸卷被包装好，送往超市和商店，供顾客购买使用。

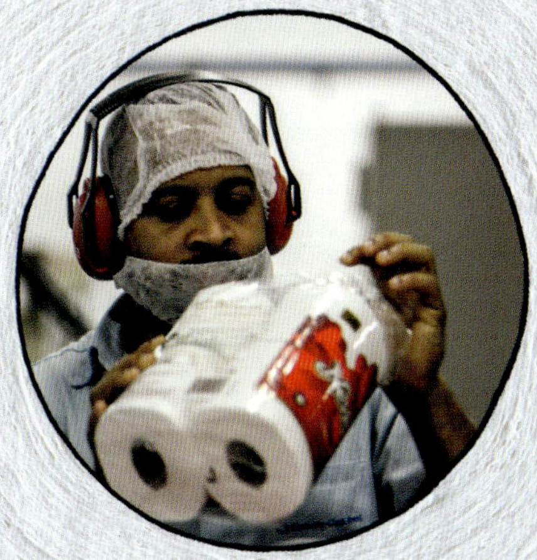

4.包装

为什么星星会眨眼睛？

恒星

我们看到的恒星只是银河系众多恒星家族中的一部分，银河系包括大约2000亿颗恒星。

“其实星星并没有真的闪烁。我们看到的星星绝大部分是**恒星**，太阳也是一颗恒星，但是由于它离我们很近，所以它发出的强烈而稳定的光线，可以直接穿过环绕地球的**大气层**，照射在地球上；而其他恒星距离我们很遥远，所以它们的光线看起来非常微弱。地球的大气层总是处于轻微的流动状态，当这些遥远的恒星发出的光线被大气流干扰后，我们就会看到一闪一闪的效果，就像星星在眨眼睛一样。”

大气层

大气层是一层环绕着地球的气体，主要由氮气和氧气组成。我们把这种气体混合物称为空气。大气层一直处于移动状态。

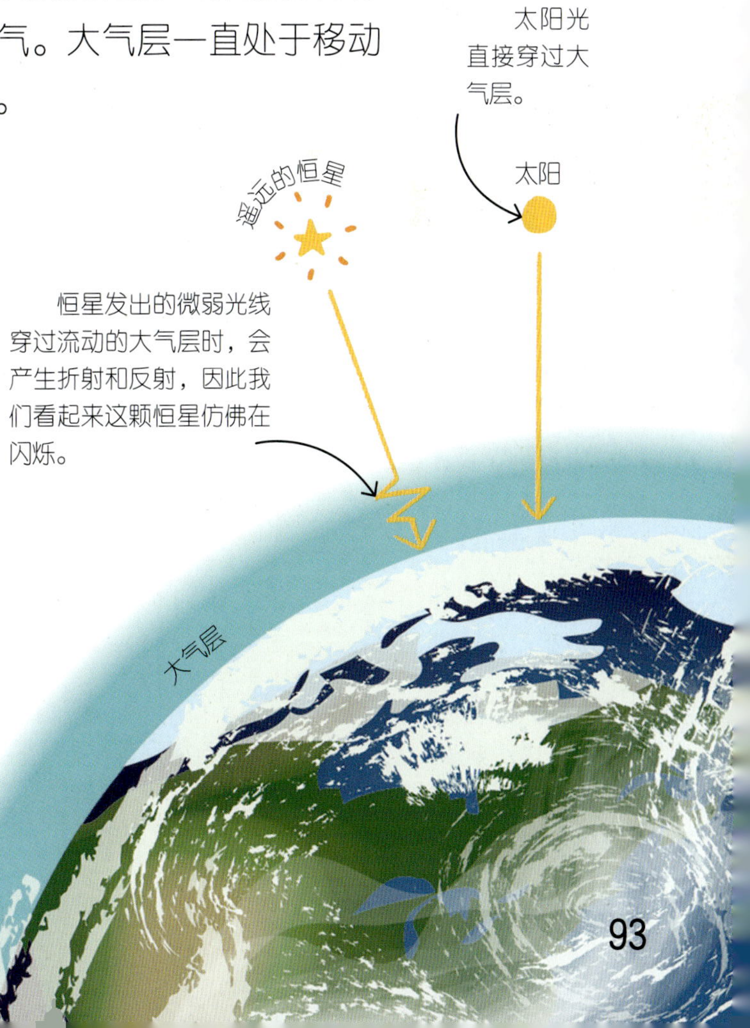

我的脑袋里除了大脑还有什么？

“你的脑袋里有各种**感觉器官**。脑袋还支撑着你的上下颌和牙齿。你的面部含有肌肉，帮助你微笑、表达情感。脑袋里有与大脑相连的神经，称为颅神经。大脑被周围的液体和脑膜保护着。当你说话或者唱歌的时候，颅骨里充满空气的部分会振动，形成你独一无二的声音。”

感觉器官

你的感觉器官包括眼睛、耳朵、嘴巴、鼻子和舌头。感觉器官里含有称为感受器的感觉细胞，可以让你的大脑感知周围的环境。

“在你的舌头和口腔里有8000个**味蕾**。味蕾的神经末梢可以识别我们吃的食物中的不同分子。目前，科学家认为味蕾只能感受五种味道：甜、咸、酸、苦、鲜。”

为什么有的食物是甜的，有的是酸的，有的是苦的？

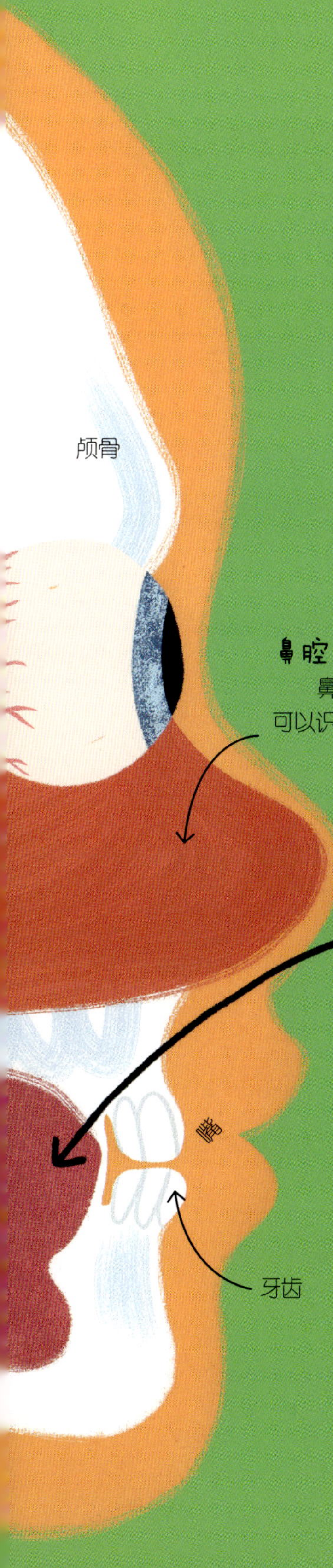

鼻腔

鼻腔顶部的嗅觉细胞可以识别气味微粒。

细胞

你的鼻子和嘴里的感觉细胞非常敏感，可以帮助你分辨各种食物的味道。

味蕾

味蕾位于舌头表面的褶皱和凸起上，每个味蕾里都含有许多味觉细胞。

为什么我们离不开树木？

“树木不仅为人们带来美丽的景致、可口的果实和珍贵的木材，它们还是**碳循环**的关键。树木吸收空气中的二氧化碳，释放氧气。如果空气中含有大量的二氧化碳，人类将无法生存，所以树木对我们来说至关重要。”

燃烧化石燃料，释放CO_2。

死亡的动植物在腐烂过程中，将碳元素释放到空气中。

碳循环

地球上所有的生物都含有碳元素。许多非生物物质也含有碳元素，如化石燃料、岩石和空气。碳元素在生物、海洋、大气和陆地之间不断转移。

森林砍伐

在世界上的有些地区，人们砍伐森林，开垦土地。如果砍伐太多的树木，大气中的二氧化碳就会上升。所以我们需要让更多的人了解森林对于地球生态环境的价值。

为什么树木可以吸收二氧化碳？

“树木和其他绿色植物利用二氧化碳（CO_2）来制造养分——葡萄糖。树木的叶子吸收二氧化碳，并在阳光的作用下，将二氧化碳与根部吸收的水相结合，合成葡萄糖，这个过程叫作**光合作用**。光合作用由阳光提供能量，产生的废料则是氧气。所以，树木将氧气排放到空气中，像我们一样呼吸氧气的动物才能得以生存。”

翻到100—101页，了解更多关于树木的知识。

光合作用

在光合作用的过程中，植物通过一种绿色的细胞器——叶绿体，捕获阳光中的能量。也正是因为叶绿体，植物才呈现出绿色。

伤口是怎么愈合的？

“当你不小心受伤的时候，伤口处的组织会向血液中释放化学物质。之后，红细胞聚集起来，形成**血凝块**，用于止血；白细胞则负责对抗细菌和其他病原体。伤口边缘生长出新的细胞，一种称为成纤维细胞的细胞进入**结痂**的下方，合成坚韧的胶原纤维和弹性纤维，最终形成疤痕。接下来新的血管和神经在伤口区域生长，新的皮肤细胞形成并取代一部分胶原蛋白。在你年纪不大的时候，伤口大多恢复得很好，甚至不会留下任何疤痕。”

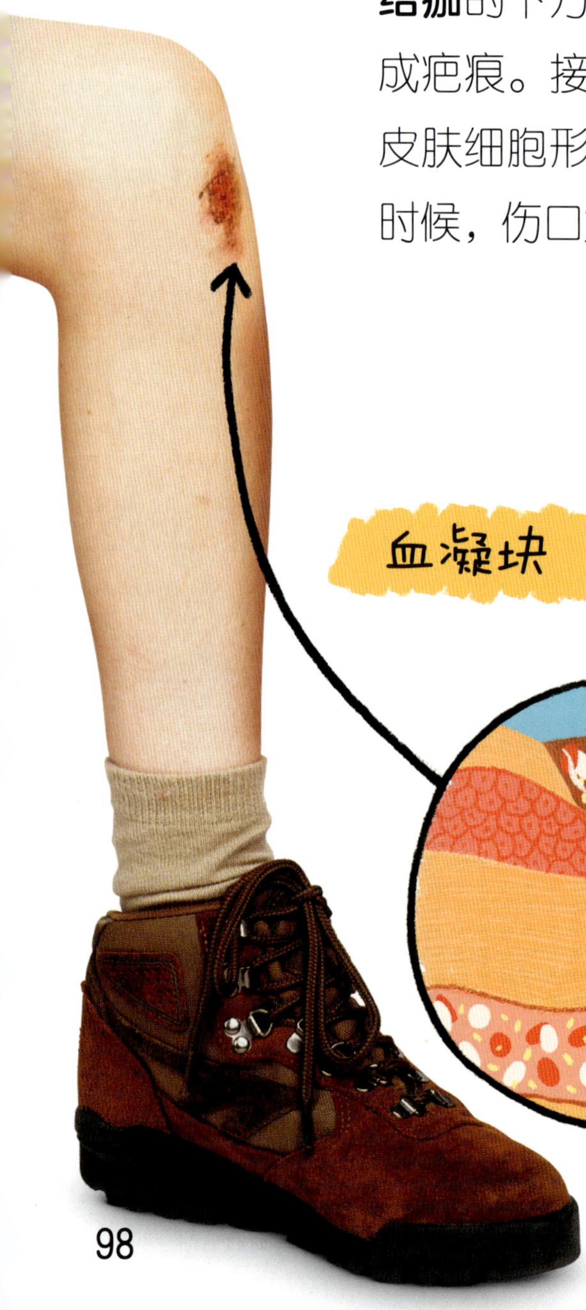

血凝块

红细胞被一种叫作纤维蛋白的蛋白纤维束包裹，形成血凝块。

结痂

血凝块的表面硬化结痂。当伤口愈合后，结痂会自然脱落。

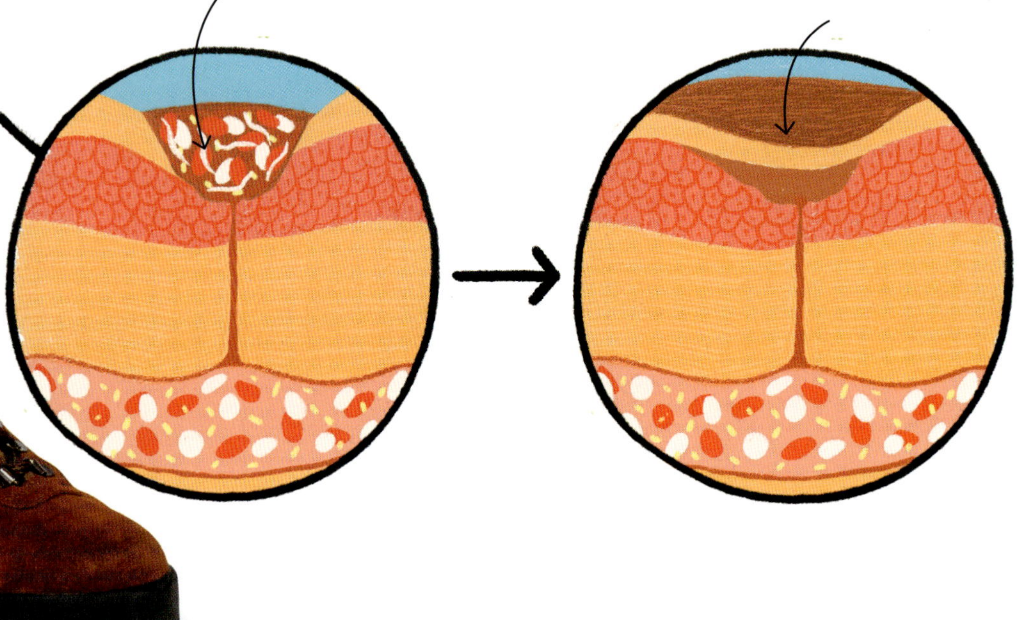

为什么我们会感觉到痒？

抓痒可以让神经停止向大脑发出瘙痒信号。

“皮肤里具有神经末梢，当这些神经末梢接触到某些刺激性物体，如灰尘、虫子、过敏原、药物和病原体等，就会产生反应。感受疼痛的神经会向大脑发送瘙痒信号，产生痒的感觉，并触发抓挠反射，缓解瘙痒。”

为什么我们感到冷的时候会发抖？

“大脑里有一个温度控制器，称为**下丘脑**。保持人体温度为37℃是它的众多工作之一。当你的下丘脑觉得你的体温过低时，它会向你的肌肉发出信号，引起肌肉快速收缩，通过肌肉收缩运动产生热量，维持体温，所以你会发抖。”

下丘脑

下丘脑只有一块方糖般大小，它负责维持人体系统的平衡，使我们保持健康。

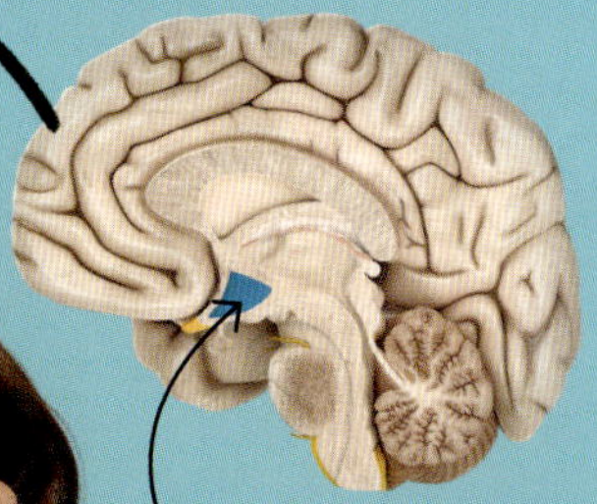

当你发抖的时候，实际上是你的下丘脑正在维持体温正常。

为什么有些树木

“ **树木**通常不会在夏天落叶，除非它们的生存受到威胁。比如，在长期炎热干旱的气候下，土壤中的水分大大减少，这时树木便会落叶，进入**休眠**状态，帮助自己度过困难时期。直到雨水降落，树木才会结束休眠状

四季常青的松柏通常拥有针状或线状的叶片。

落叶树的叶片大而扁平。

树木

树木主要分为两种：落叶树和常绿树。落叶树在秋冬季节落叶；常绿树通常一年四季都长着树叶，如所有种类的松树和柏树。

翻到第96—97页，了解更多关于树木的知识。

春季

春天，在阳光的照射和雨水的沐浴下，树木长出新的叶片。许多树木在春天开花。

夏季

夏天，树木上长满茂密的树叶，可以吸收尽可能多的阳光。

四季

春天是树木发芽的时节；到了夏天，树木郁郁葱葱；秋天，树叶变成红

态。如果遭遇严重洪涝灾害，也会造成落叶。此外，如果树木被病毒或者真菌感染，也可能会落叶。树木落叶在一年中都可能会发生，这是树木减少疾病侵害和其他威胁的自保方式。”

在夏天落叶？

休眠

休眠类似于冬眠。就像有些动物在冬天冬眠一样，植物在冬天会减缓新陈代谢，以便生存。光秃秃的树木看起来好像是死去了一样，但是实际上它们只是在休息！

色、橙色和黄色，纷纷掉落；冬天，树木变得光秃秃的。

秋季

秋天，白天越来越短暂，阳光越来越稀薄。树叶变色，开始掉落。

冬季

冬天是一年中白天最短的季节。大地可能会结冰。树木的叶子全掉了，变得光秃秃的。

火山是如何爆发的？

“在地球的某些地方，**地壳**非常薄，或者存在裂隙，地下的**岩浆**离地表非常近。有时候，岩浆会从深海海底的裂缝中渗出。还有一些情况下，岩浆和火山气体积聚起来，造成大爆炸，炸开岩石表面，这就是火山爆发。火山灰、尘埃和气体可以射入大气层达20千米，滚烫的熔岩从天而降。熔岩也可能在陆地上滚滚流淌，烧毁沿途的一切。”

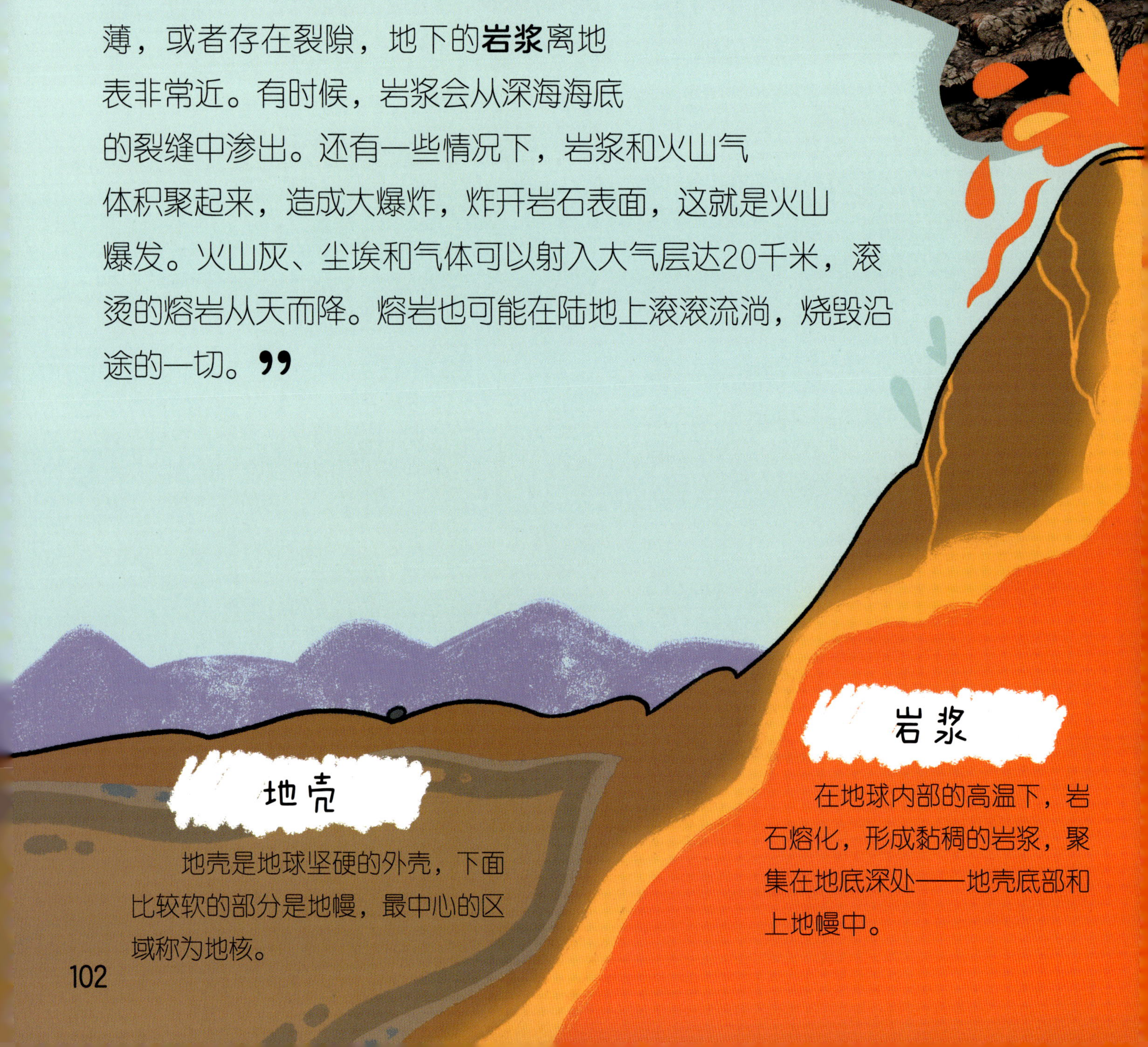

岩浆

在地球内部的高温下，岩石熔化，形成黏稠的岩浆，聚集在地底深处——地壳底部和上地幔中。

地壳

地壳是地球坚硬的外壳，下面比较软的部分是地幔，最中心的区域称为地核。

岩石是怎么变成熔岩的？

“岩石不会直接变成熔岩。熔岩其实是火山喷发出来的岩浆。在地底深处，岩石熔化形成岩浆。当岩浆渗出地球表面时，我们称为熔岩。如果地壳附近或地表的岩石被组成地壳的巨大岩石板块的运动推到地下深处，它们就会熔化，变成岩浆。”

地热能

地球内部的热能称为地热能，科学家和工程师已经知道如何更好地利用它。地下水通过炽热的岩浆加热，产生水蒸气，人们利用水蒸气带动涡轮机发电，这是一种无污染的能源形式。

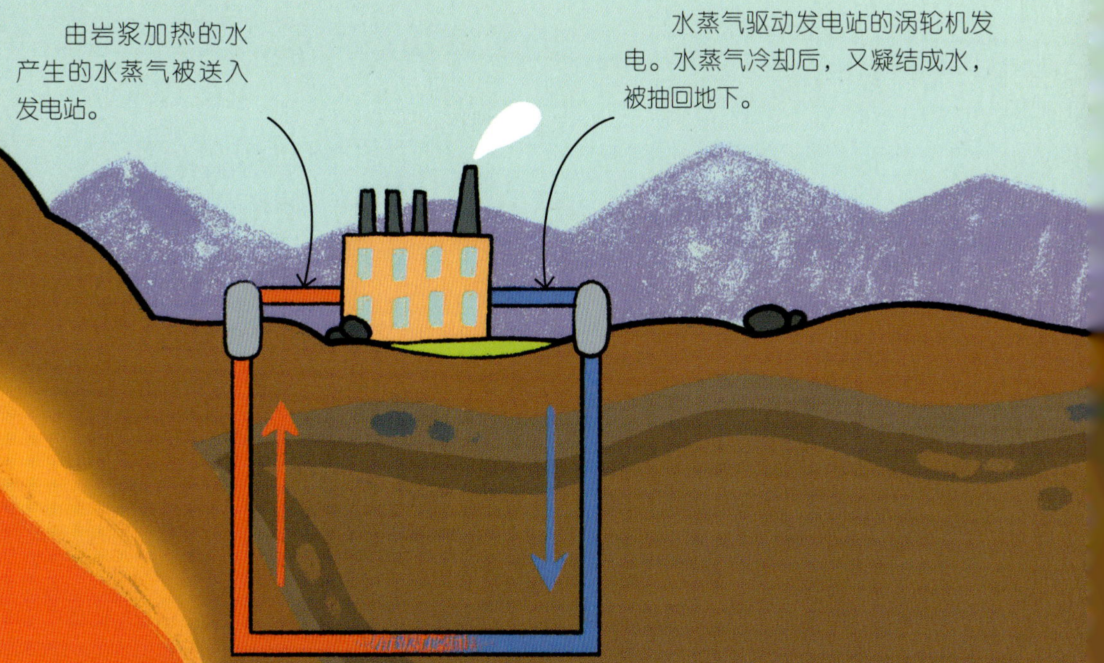

玻璃是如何

“玻璃的主要成分是**二氧化硅**，由熔化的沙子制成。沙子必须加热到非常高的温度才能熔化——大约在1700℃。当沙子重新冷却之后，便会褪去黄色，变得无色透明。这么高的温度需要强大的熔炉，因此当人们在5500年前第一次学会制造玻璃时，玻璃是珠宝般的珍品。现在，玻璃有很多用途，比如，人们用**玻璃板**做玻璃窗。”

熔化的玻璃可以被吹制成各种形状。

玻璃板

玻璃窗所用的玻璃板是由熔化的沙子、石灰和苏打制成的。制作方法是：将熔化的玻璃液注入并漂浮在金属锡液面上，冷却后形成薄板，然后切割成合适的大小。

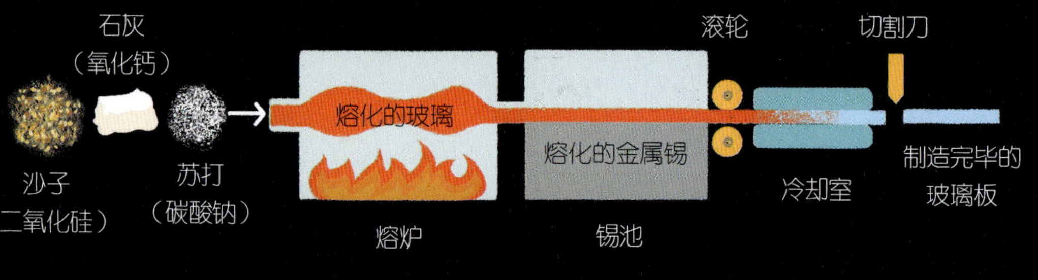

制造的？

为什么钻石非常坚硬？

“钻石——自然界中最坚硬的天然物质，是由纯**碳**组成的。钻石中的每个碳原子与其他碳原子都结合得非常牢固，这赋予钻石惊人的强度。”

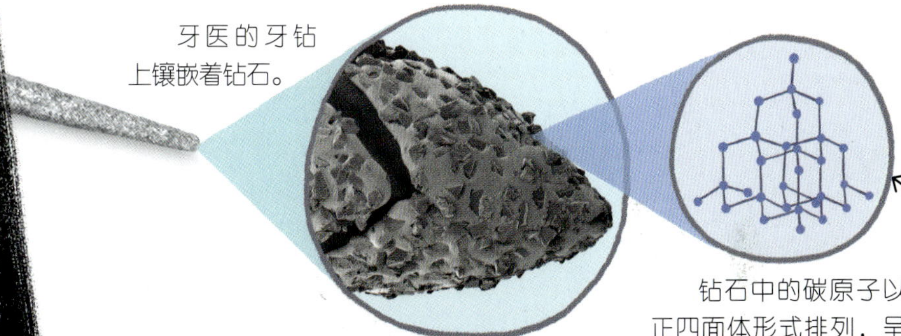

牙医的牙钻上镶嵌着钻石。

钻石中的碳原子以正四面体形式排列，呈牢固的立体结构，使得钻石超级坚硬。

碳

碳元素有多种不同的形式。铅笔芯其实不是铅，而是一种纯碳——石墨。与钻石相反，石墨非常柔软，轻轻一划就能在纸上留下痕迹，适合用来书写。

石墨中的碳原子以正六面体形式排列，呈平面结构，容易互相滑动，因此石墨很柔软。

沙子摸起来很软，因为它是由许多细小颗粒组成的。不过，每个颗粒都很坚硬。

二氧化硅

在自然界中，二氧化硅是以沙子的形式天然存在的，许多岩石中也含有二氧化硅。二氧化硅用于制造计算机的硅芯片。

为什么老人的头发

“每根头发都是从一个**毛囊**里长出来的。毛囊可以产生色素，让头发具有颜色。随着**年龄**的增长，毛囊产生的色素减少，头发就变白了。由于基因的影响，有些人更容易出现白发。有人说突然的惊吓会导致白发。所以，最好不要开这样的玩笑：偷偷藏起

我们天生具有决定头发颜色的基因。头发的颜色来自一种称为黑色素的色素，黑色素是由毛囊产生的。

毛囊

一根头发的根部包裹在一个球状组织囊里，这就是毛囊。毛囊位于皮肤内，就像植物球茎埋在土壤里一样。

头发的毛囊

植物球茎

翻到第112—113页，了解更多关于衰老的知识。

年龄

人们头发变白的年龄主要取决于他们的基因。然而，压力、吸烟和疾病可能会让人头发变白的年龄提前，甚至出现少白头。

会变白？

来，然后突然跳到你的父母面前大喊一声！不过，如果你的父母头发变白了，并不是因为你的恶作剧，主要还是因为他们的基因——你可能也遗传了这些基因。”

“外星人可能确实存在，但是我们却不知道。天文学家迄今已经探测到近4000颗围绕恒星（除太阳外）运行的**系外行星**，其中只有大约50颗行星位于“适居带”，即它们的轨道距离恒星的距离恰好合适，既不会太热，也不会太冷。在美国加利福尼亚州“搜寻地外智慧生命”（SETI）机构的科学家夜以继日地工作，希望能够探测到外星文明的**信号**。目前我们并没有找到它们，它们也可能没有找到我们，这也许是我们的幸运。”

外星人真的存在吗？

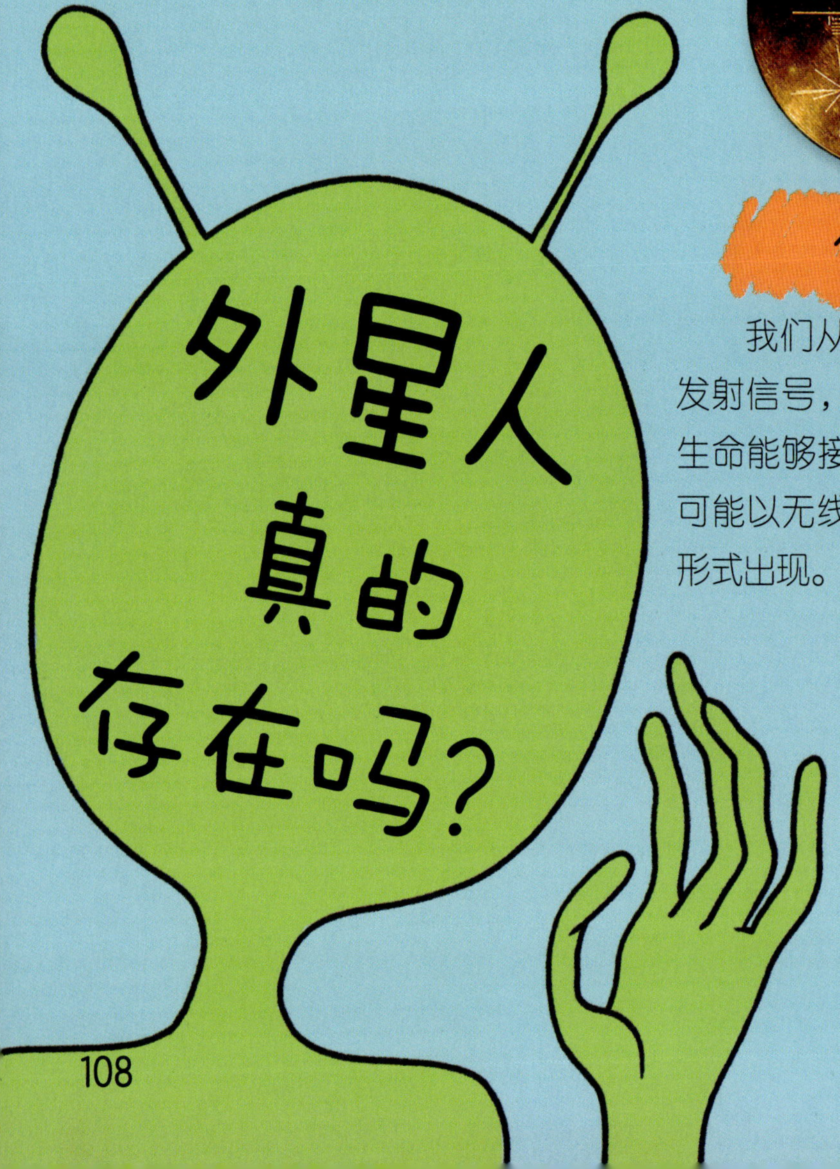

金唱片

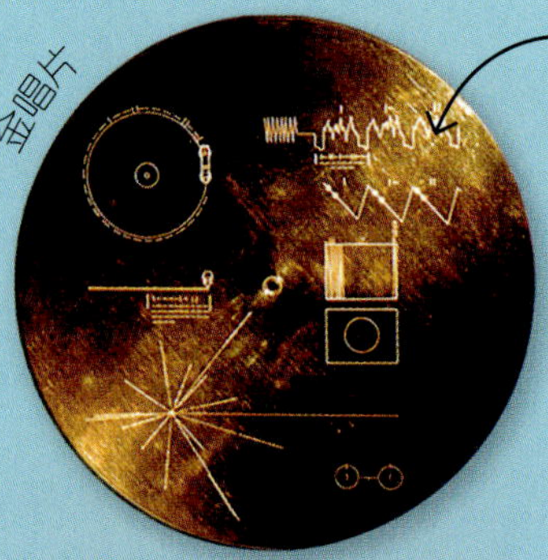

1977年，两艘旅行者号太空探测器发射升空，每艘探测器都装载有一张金唱片，里面记录着有关地球的声音和图像，用于向外星文明传递信息。

信号

我们从地球上向外太空发射信号，希望有外星智慧生命能够接收到。外星信号可能以无线电波或者激光的形式出现。

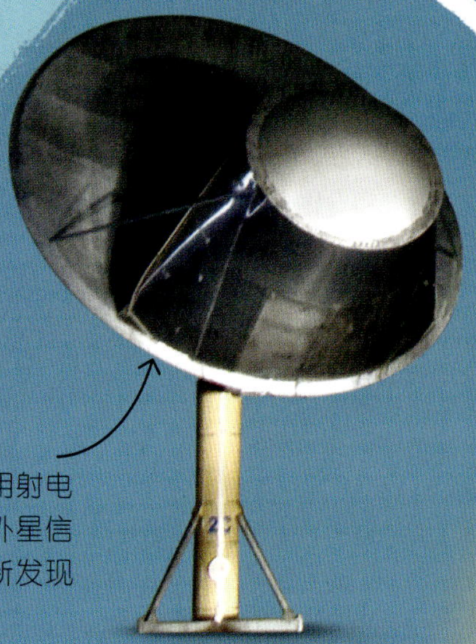

SETI利用射电望远镜监听外星信号，研究最新发现的系外行星。

系外行星

系外行星是位于太阳系以外的行星，这些行星围绕着类似太阳的恒星运行，距离我们非常遥远。例如，一颗系外行星——开普勒-22b距离地球超过5850万亿千米。

开普勒-22b上发出的信号要经过620年才能抵达地球。

“黑洞不太可能有尽头。黑洞不是一般意义上的洞，你最好把它想象成宇宙中的一个区域，在这个区域，引力非常强大，所有进入其中的东西都会被挤压成一个小点。引力是如此巨大，以致没有东西能够逃离这个区域——甚至光也会永远地困在黑洞里。”

黑洞的尽头是什么？

植物有感觉吗？

光

植物向阳生长，这样它们可以收集更多的阳光，合成更多养料。阳光照耀下的花朵也会对昆虫更有吸引力，从而帮助植物授粉。

含羞草是一种豆科植物。

“那要看你怎么定义感觉了。我认为，植物没有情感，也可能感觉不到痛苦，但是植物可以感觉到**光**，因为植物都是向阳生长的。来自南美的含羞草能感受触觉。当你轻轻**触摸**它们的叶子时，叶子会合起来并下垂，几分钟后会再恢复正常，这其实是它们的一种保护机制。”

触摸

含羞草对于触摸的反应可能会欺骗食草动物，让它们以为这些叶子不好吃。

植物能说话吗？

“不能，但它们可以互相交流。当受到昆虫的攻击时，许多植物会向空气或土壤中释放化学信号。这些化学信号用于警告植物的其他部分，从而合成特殊的化学物质来保护自己。在附近生长的植物也能收到这些信号，并利用化学物质抵御昆虫的侵袭。”

有能吃动物的植物吗？

“有的。如捕蝇草，用像上下颌一样的叶片捕捉昆虫。食虫植物大多生活在贫瘠的土地中，因此它们需要从昆虫等小动物身上获取营养。不管你在电影里看到了什么，我认为这些食虫植物可不能吞掉一个小孩。”

为什么人会衰老和死亡？

“所有的生物都会衰老，并最终死亡。人从出生的第一天开始，就一步步迈向了衰老和死亡。胚胎形成48小时之后，即婴儿出生前9个月时，机体内的一些细胞就开始死亡。幸运的是，这些死亡的细胞被新的细胞取代了。婴儿出生后，这个过程还在继续，最终死亡的细胞并不总是被新的细胞取代，即使有，复制品也不是完美的。新细胞的产生是通过**DNA**复制完成的，而DNA的复制次数是固定的，耗尽之后生物就会死亡。我们的寿命比大多数动物长得多，但有些鱼类、鲸和龟的寿命更长。科学家安德里亚·博德纳博士在百慕大群岛发现了可以活到200岁的海胆，它们的细胞不像人类那样容易老化。”

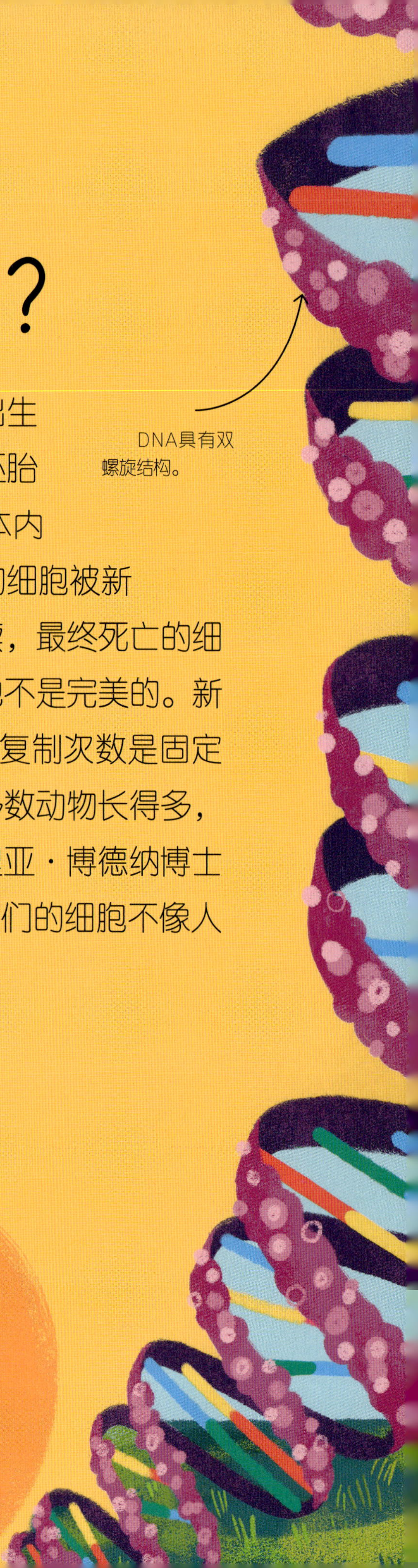

DNA具有双螺旋结构。

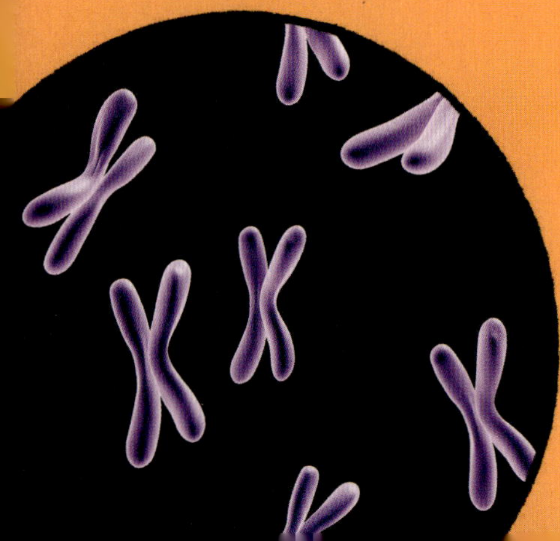

染色体

DNA紧紧盘绕成一种称为染色体的结构，存在于细胞核中。人体的每个细胞核中有46条染色体，分为23对。

DNA

DNA是脱氧核糖核酸的简称，一个DNA分子里有数以百万计的原子，它们排列成两条双螺旋结构。DNA存在于人体所有的细胞中，人体修复DNA的能力随着年龄增长而衰退。DNA的损伤逐渐累积，引起人体衰老，最终导致死亡。

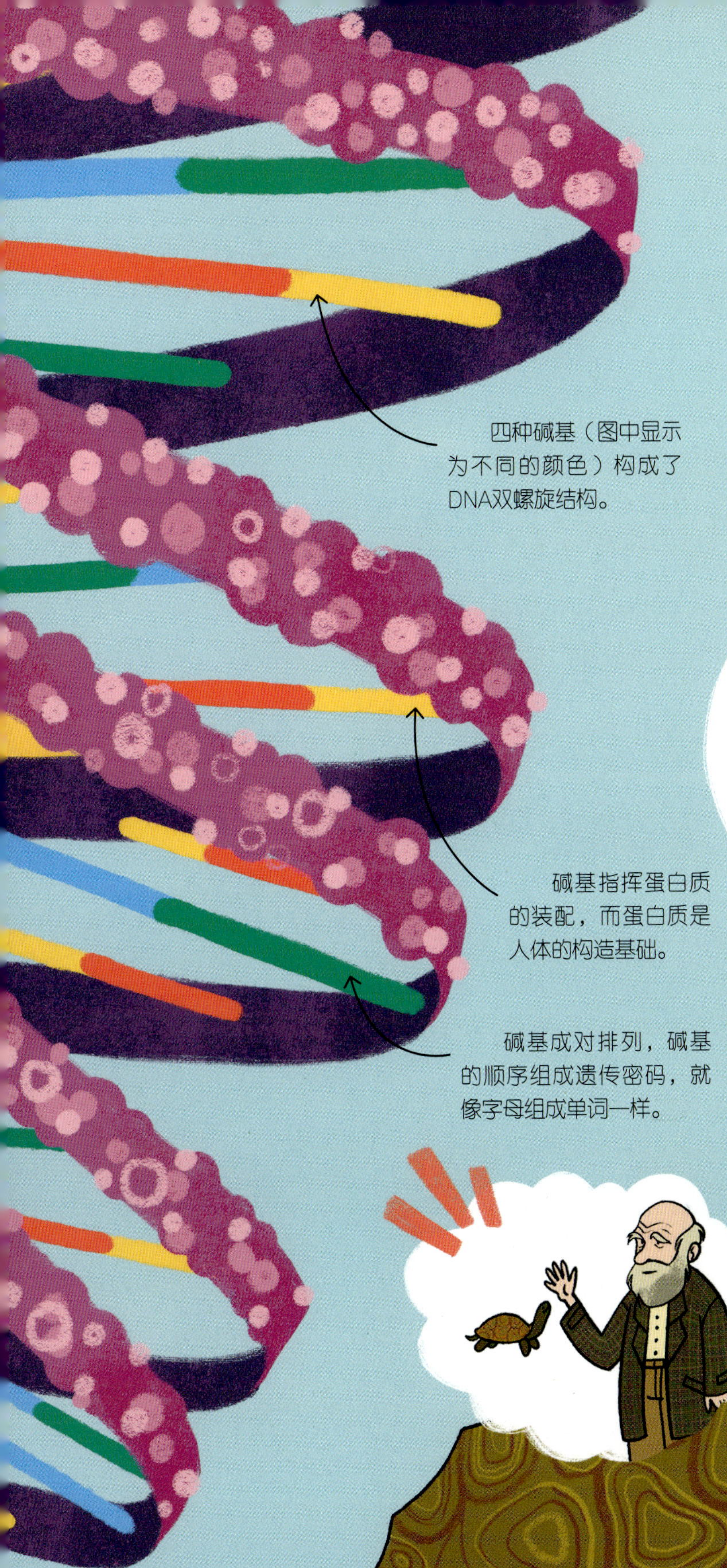

翻到106—107页，了解更多有关衰老的知识。

为什么肥皂泡都是圆形的？

“ **肥皂泡**的表面是一层薄薄的肥皂水，里面充满空气。水分子互相牵引，让水滴呈现球形。这种吸引力叫作表面张力。水的表面张力会让肥皂泡的**表面积**尽可能的缩小。同一体积的物体，最小的表面积就是球形的，因此肥皂泡都是圆圆的。”

吹泡泡的时候，肥皂水薄膜包裹住空气，形成一个个肥皂泡。

表面积

某个物体的外表面积称为表面积。下图中的三个物体体积相同，但球体的表面积最小。

立方体　锥体　球体

肥皂泡

肥皂泡有点像三明治——肥皂泡外层的薄膜是由两层肥皂液夹着一层水构成的。当两层肥皂液之间的水蒸发之后，肥皂泡就会破裂。

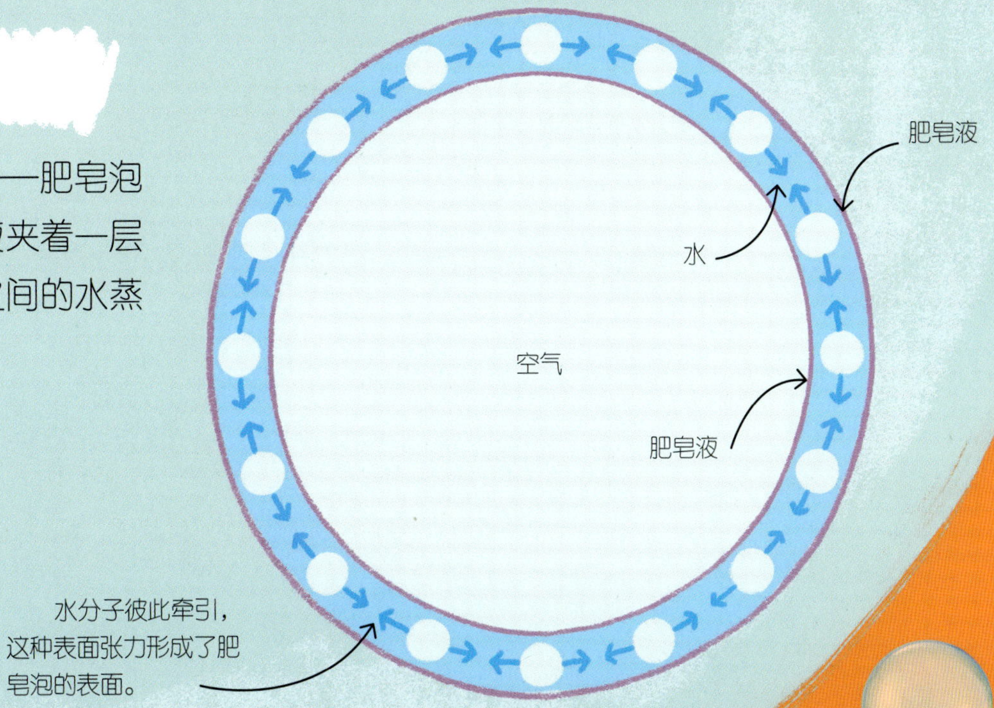

超级泡泡

往肥皂液里加入甘油，可以让水分蒸发得更慢，产生更大、更持久的肥皂泡。当你挥动泡泡棒的时候，开始形成的肥皂泡可能是又长又奇怪的形状，但最终都会变成圆形。

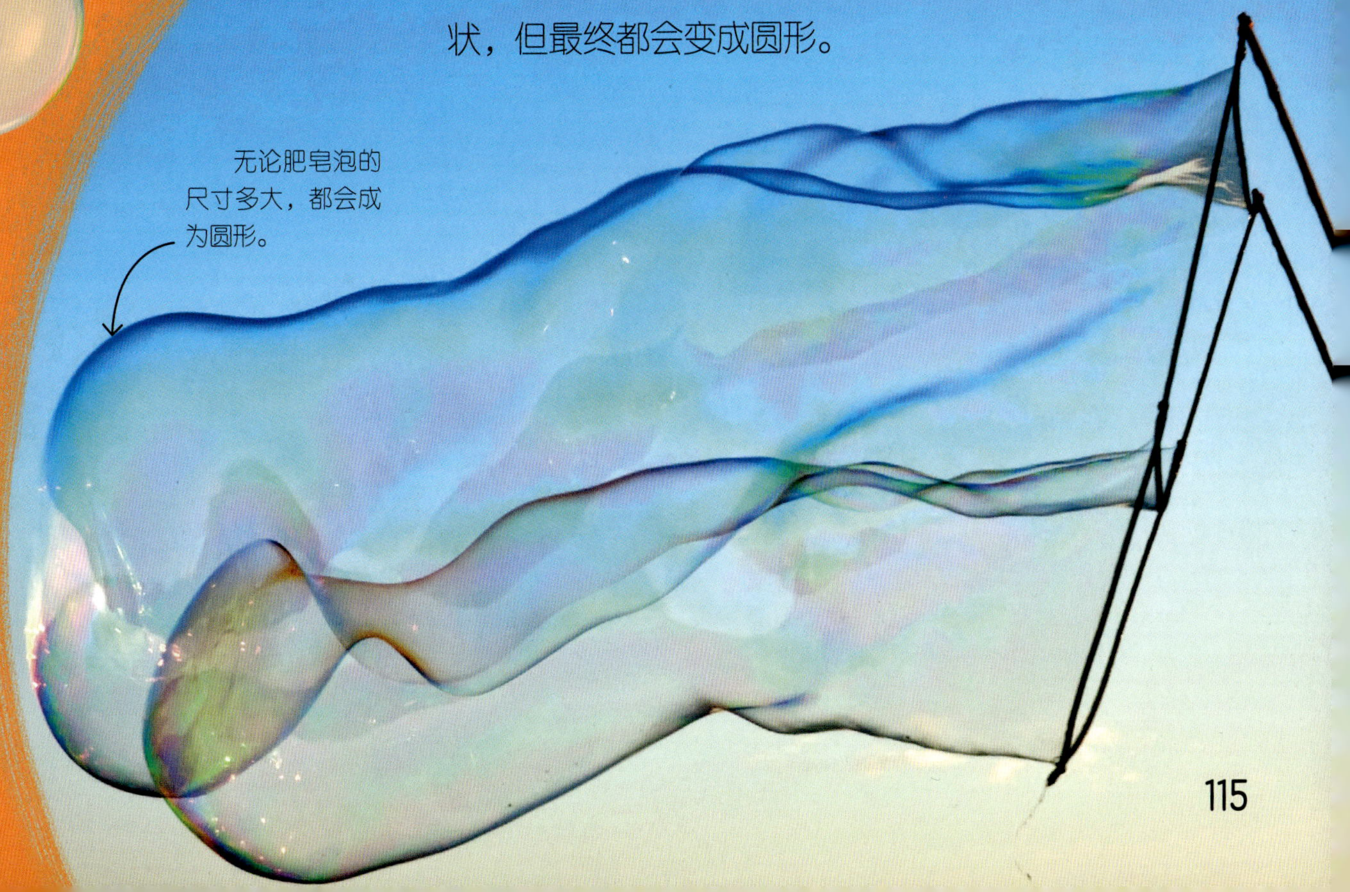

为什么我们要睡觉？

“ 我们之所以要睡觉，是因为我们的身体感到疲劳，而且我们的大脑也有睡眠节律。如果你通常在晚上9点上床睡觉，那到了晚上10点还没睡的话，你就会感到昏昏欲睡，即使你睡了午觉也是如此。这种节律是由大脑中一个叫作下丘脑的区域控制的，下丘脑是人体内的“生物钟”，大约由5万个细胞组成。睡眠节律主要受到光照、进食和温度的影响。少年儿童需要更多的**睡眠时间**。像我这样的老年人每天至少需要5个小时的睡眠。睡眠不足会损害身体健康。如果你睡不着，可以让自己的卧室保持黑暗、安静、温暖，不要太担心，让你的身体松弛下来，接着，你就会进入梦乡。”

睡眠时间

睡眠时间随着年龄的增长而减少。新生儿的睡眠时间最长——每天需要超过17个小时的睡眠。

为什么我们会**做梦**？

“目前科学家并不知道为什么我们会**做梦**。人类的梦境充满奇幻色彩，具有天马行空的想象力。人们尝试解释梦境，但是并没有太成功。有些梦具有创造性——艺术家常常受到梦境的启发，有些科学家也表示同样如此。我做梦的时候总是有一些绝妙的灵感，但是醒来后常常就记不起来了。”

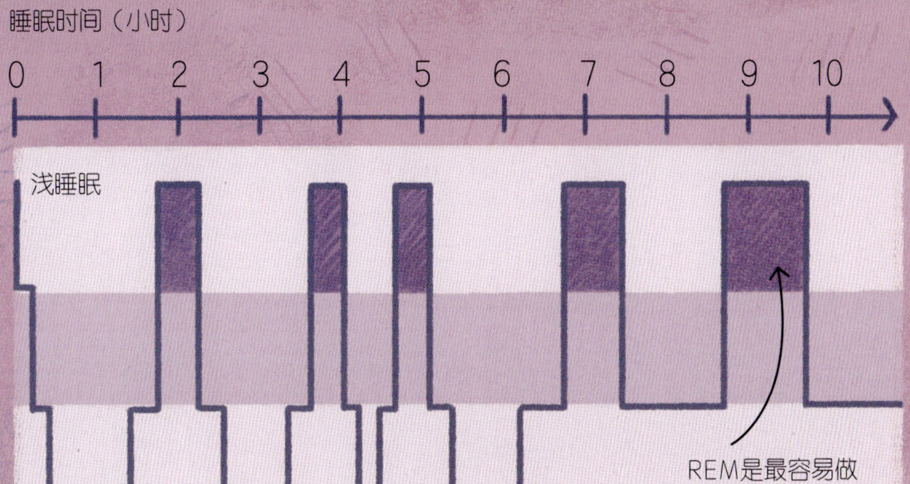

做梦

睡眠有几个阶段。大脑的脑电波在每个睡眠阶段都会发生变化。做梦通常发生在浅睡眠阶段，即刚刚入睡时或快要醒来时。这时我们的眼睛快速转动，称为快速动眼睡眠（REM）。

“主要问题是我们对**化石燃料**的依赖，我们使用这些燃料为城市和乡镇提供动力。化石燃料燃烧时，会产生二氧化碳。这种气体被称为温室气体，因为它能把阳光中的热量保存在大气层中，就像温室一样。家畜让情况变得更糟糕，因为它们会产生甲烷，这是另一种温室气体。”

为什么我们对地球造成了污染？

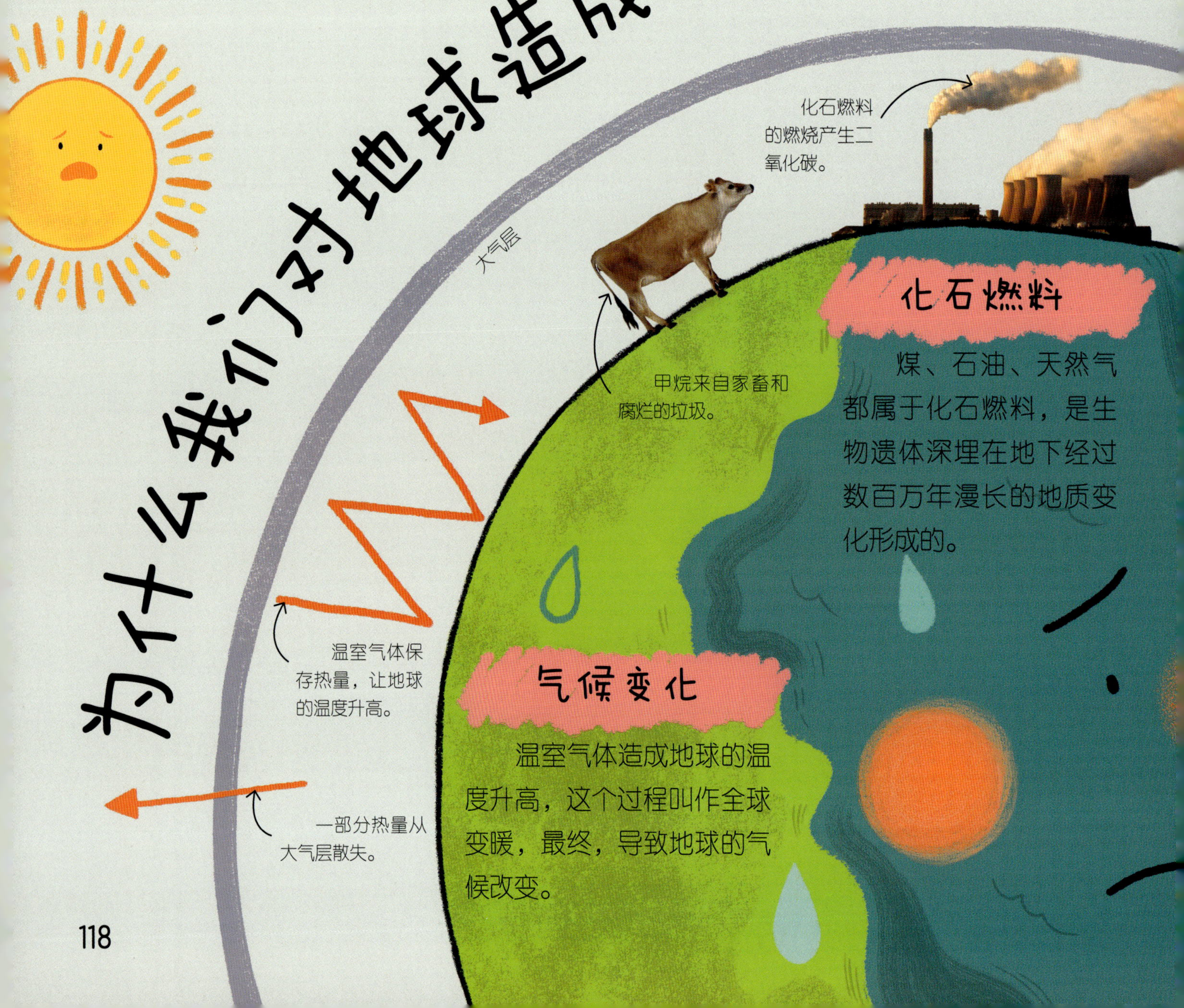

化石燃料

煤、石油、天然气都属于化石燃料，是生物遗体深埋在地下经过数百万年漫长的地质变化形成的。

气候变化

温室气体造成地球的温度升高，这个过程叫作全球变暖，最终，导致地球的气候改变。

垃圾是怎么处理的？

有人甚至认为可以把垃圾用火箭运到外太空去。但是火箭发射会造成更多的污染。

“我们人类太浪费了。大量的垃圾被掩埋或者扔进海洋里。实际上，很多垃圾可以回收利用，还有一些可以通过燃烧转化为能源。但是，燃烧垃圾会产生二氧化碳，所以科学家正在研究如何捕获二氧化碳，从而使燃烧垃圾更清洁、更安全。”

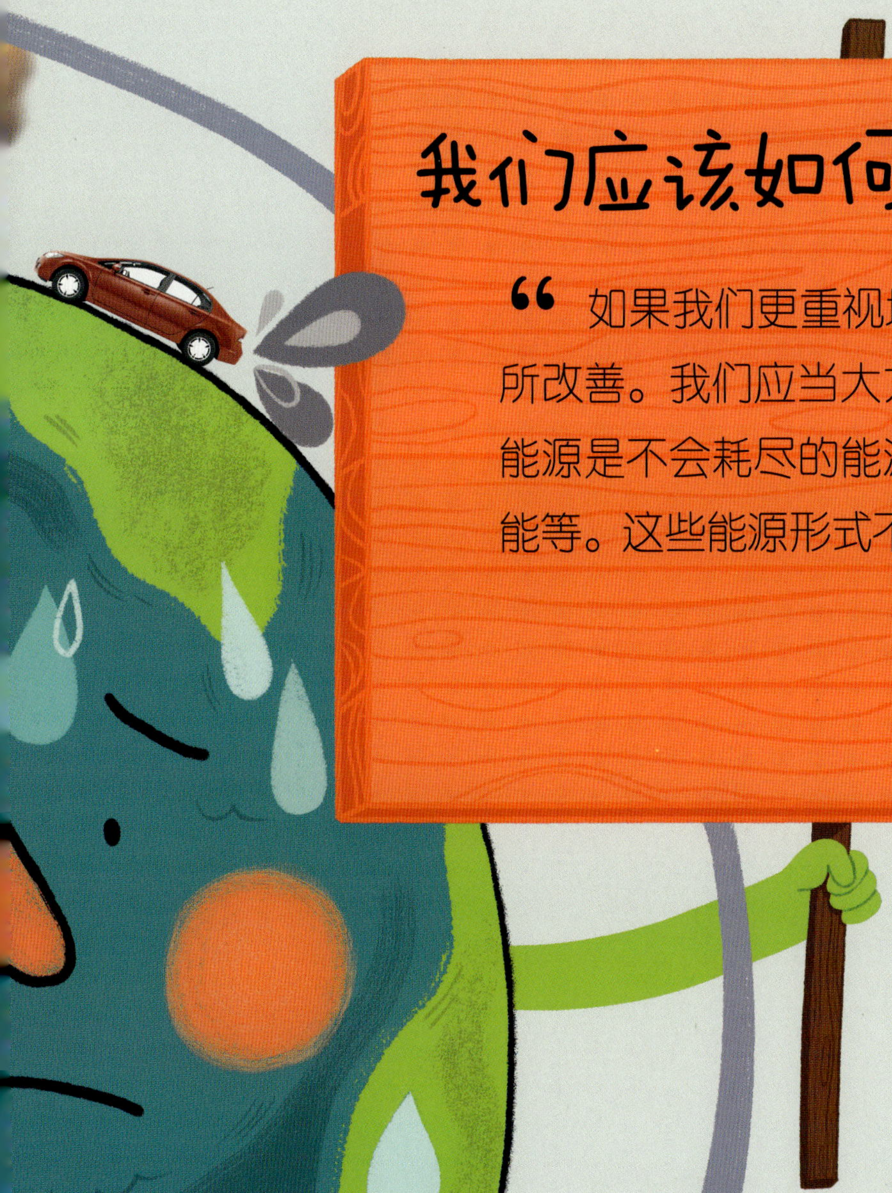

我们应该如何防止环境污染？

“如果我们更重视地球的气候变化，情况会有所改善。我们应当大力使用可再生能源，可再生能源是不会耗尽的能源，如太阳能、风能和波浪能等。这些能源形式不会产生温室气体。”

风力涡轮机利用风能发电。风力发电厂由很多个风力涡轮机组成。

为什么当我们无聊时，感觉时间过得非常慢……

“地球上的**时间**不会改变。但是我同意你的看法：当你无聊的时候，时间似乎过得很慢；而当你快乐的时候，时间又过得太快。这可能与我们对时间的**认知**有关。如果我们在吃冰棒的时候，时间静止不动就好了。但是时间不可能停止，在时间和温度的作用下，冰棒以恒定的速度融化。”

时间

在物理学中，时间是衡量事件发生过程的参数，时间以秒、分钟和小时为单位。从过去到现在，再到未来，时间不能停止，也不能倒流。

而当我们快乐时，感觉时间过得非常快？

认知

心理学家对我们如何体验或者感知时间很感兴趣。当我们开心的时候，我们对周围发生的事情很感兴趣——我们的大脑活跃，感觉时间过得很快。而在我们无聊的时候，大脑不再那么忙碌，一分一秒似乎都变慢了。

术语表

腹部（abdomen）：
也叫肚子，内含消化系统和大部分重要的器官。

吸收（absorb）：
吸取、摄入其他物质。

空气（air）：
存在于大气层中的气体混合物。主要成分是氮气和氧气，还有少量的二氧化碳和氩气等。

气压（air pressure）：
空气分子作用在物体上的压力。

空气阻力（air resistance）：
减缓物体在空气中移动速度的阻碍力。

海拔高度（altitude）：
以海平面为基准的地面高度。

天文学家（astronomer）：
研究恒星、行星等天体和太空的科学家。

大气层（atmosphere）：
环绕地球的气体层。

原子（atom）：
微小的物质粒子。原子结合在一起，形成更大的粒子，称为分子。

细菌（bacteria）：
存在于土壤、水中或动植物体内的单细胞生物，只能在显微镜下看见。

碱基（base）：
构成DNA双螺旋结构的四种化学物质。

宇宙大爆炸（Big Bang）：
有些科学家认为宇宙在大约140亿年前发生了一次大爆炸。

黑洞（black hole）：
太空中具有极端致密物质的区域，那里的引力非常强大，连光都无法逃脱。

化学键（bond）：
连接原子之间或者分子之间的作用力，使其结合在一起。

拟态（camouflage）：
动植物依靠体色、花纹、行动或者身体形状等与周围的环境融为一体。

毛细血管（capillaries）：
微小的血管，将血液运送到组织细胞中。

碳水化合物（carbohydrate）：
富含糖分和淀粉的食物里含有大量的碳水化合物，碳水化合物是人体能量的主要来源。

碳（carbon）：
碳元素是一种非金属元素，存在于许多不同的分子中。地球上所有的生物体内都含有碳元素。

碳循环（carbon cycle）：
碳元素在自然界的循环状态。

二氧化碳（carbon dioxide）：
由一个碳原子和两个氧原子构成。动物释放二氧化碳，植物吸收二氧化碳。

细胞（cells）：
构成生物体的基本单位。

小脑（cerebellum）：
脑的一部分，具有许多功能，包括维持身体平衡、协调运动和记忆等。

大脑皮层（cerebral cortex）：
大脑半球的表层，是处理各种信息的地方。

大脑（cerebrum）：
脑最大的部分，与思想和情感等活动有关。

特征（characteristics）：
我们身体的特殊性状。如眼睛的颜色、头发的颜色，以及我们的外貌和行为等。

化学物质（chemical）：
任何由原子和分子构成的物质，包括液体、固体和气体等。

叶绿素（chlorophyll）：
植物用于吸收光线、制造能量的绿色物质，叶绿素存在于叶绿体中。

染色体（chromosome）：
紧密盘绕的DNA链，位于细胞核中。染色体上携带着基因。

蛹（chrysalis）：
昆虫从幼虫过渡到成虫时的一种形态。

胶原蛋白（collagen）：
人体的一种蛋白质，用于建造组织或愈合伤口。

凝结（condensation）：
气体变成液体的过程，通常在冷却之后产生凝结。

地核（core）：
地球炙热的核心，主要由铁和镍组成。

角膜（cornea）：
眼睛前表面一层高度敏感的透明薄膜。

配重（counterweight）：
用来平衡其他物体的重物。

地壳（crust）：
地球表面的一层坚硬的岩石层，地壳是地球的最外层。

暗物质（dark matter）：
在太空中发现的无形物质，它能够产生引力，吸引恒星和星系。

腐烂（decay）：
死去的动植物由于微生物的滋生而逐渐被破坏。

致密（dense）：
物质中的粒子紧密地排列。

真皮（dermis）：
表皮下的皮肤组织。

直径（diameter）：
通过圆心的圆周上两点间的距离。

恐龙（dinosaurs）：
生活在迄今2.45亿年前到6500万年前的爬行动物。

溶解（dissolved）：
一种物质与一种液体完全混合，产生溶液的过程。

DNA：
脱氧核糖核酸，用于存储遗传信息。

休眠（dormancy）：
植物生命周期中生长减缓或停止的阶段。

双螺旋结构（double helix）：
DNA分子的特殊结构，为两股螺旋相互缠绕。

阻力（drag）：
物体通过液体或者气体时，减缓它的移动速度的力。

电流（electric current）：
通过导体的移动的电子束。

导体（electrical conductor）：
电子很容易通过的物质。

绝缘体（electrical insulator）：
电子不容易通过或者不能通过的物质。

电阻（electrical resistance）：
导体对电流阻碍作用的大小。

电信号（electrical signal）：
电脉冲形式的信号。

电磁铁（electromagnet）：
将导线缠绕在一块铁上，当电流通过导线时，这块铁就具有了磁性。

电子（electron）：
围绕原子核运转的粒子，电子带负电荷。

胚胎（embryo）：
受精卵在最初五个星期内的发育阶段。胚胎会发育成胎儿。

能量（energy）：
物质变化的动力。光能、电能、热能、核能都是不同形式的能量。能量储存在包括食物在内的所有物质中。

工程师（engineering）：
利用科学技术设计和建造的专家。

表皮（epidermis）：
皮肤的最外层。

赤道（equator）：
行星自转时周长最长的圆周线。地球的赤道把地球分为南北两个半球。

蒸发（evaporation）：
液体变成气体的过程。

进化（evolution）：
物种在适应环境的过程中发生的可以代代遗传的变化。

系外行星（exoplanet）：
位于太阳系之外，围绕其他恒星运行的行星。

实验（experiment）：
为了检验某种科学理论或假设而进行的活动。

灭绝（extinct）：
动植物物种彻底消失，不复存在。

脂肪（fat）：
食物和身体组织中主要的能量来源。

铁磁性（ferromagnetic）：
含铁材料具有的性质，当铁置于磁场中时具有磁性。

成纤维细胞（fibroblast）：
产生胶原蛋白和其他蛋白纤维的纤维母细胞。

灯丝（filament）：
灯泡或电子管内耐高温的金属丝，当电流通过时会发光。

流体（fluid）：
可以流动的物质。

雾（fog）：
在大气层底层中由微小水滴形成的云，通常含有尘埃颗粒和烟雾颗粒。

力（force）：
物质之间的推或者拉的相互作用，可以改变物体的速度、方向或形状。

化石（fossil）：
存留在岩石中的古生物遗体、遗物或遗迹。

化石燃料（fossil fuel）：
由数百万年前的动植物遗体经过漫长的地质变化而形成。例如，煤就是一种化石燃料。

摩擦力（friction）：
阻碍物体相对运动的力。

星系（galaxy）：
由恒星、气体和尘埃组成的巨大集合体。

气体（gas）：
没有固定形状的物质状态，物质分子可以自由移动。气体会一直扩散。

发电机（generator）：
将能量转化为电能的机器。

基因（genes）：
具有遗传效应的DNA片段。

地热能（geothermal energy）：
来自地下深处炽热岩浆的能量。

腺体（gland）：
产生分泌物如汗液、唾液或激素的器官或细胞群。

全球变暖（global warming）：
地球大气层平均气温上升，原因是二氧化碳等温室气体增多。

葡萄糖（glucose）：
血液中的糖类形式。身体利用葡萄糖分解释放能量。

引力（gravitational pull）：
巨大物体之间的牵引力，如地球和月球之间的引力。

重力（gravity）：
物体由于受到巨大物体的吸引而受到的力。

温室气体（greenhouse gas）：
大气层中的温室气体吸收热量，使地球变暖。温室气体包括二氧化碳和甲烷等。

火药（gunpowder）：
由硫化物、碳和硝酸钾混合而成，极易爆炸。

血红蛋白（haemoglobin）：
红细胞里的一种蛋白质，可以从肺脏吸收氧气，并通过血液运输至全身。

毛囊（hair follicle）：
皮肤中的一种囊状结构，毛发从其中生长出来。

卤素（halogen）：
一组化学性质非常活跃的元素，包括氟、氯、溴和碘等。

草食动物（herbivore）：
只吃植物的动物。

冬眠（hibernation）：
动物在冬天进入深睡眠状态，以便度过寒冷、缺少食物的时期。

激素（hormone）：
起调控作用的化学信息物质，随血液运输到全身，调控特定的生理机能。

下丘脑（hypothalamus）：
大脑的一部分，用于联系神经系统和内分泌系统。下丘脑负责维持机体的稳定，确保新陈代谢正常。

白炽灯（incandescent）：
将灯丝通电加热到白炽状态，利用热辐射发出可见光。

惰性（inert）：
化学性质不活跃，不容易与其他物质发生化学反应。

乳酸（lactic acid）：
剧烈运动后，人体分解糖原释放能量，从而在肌肉中产生的化学物质。

晶状体（lens）：
眼睛里的一种透镜状结构，用于聚焦光线到视网膜上。

升力（lift）：
当空气流经机翼、鸟翅等结构表面时，产生的向上的力。

光线（light ray）：
表示光的传播路径和方向的直线，光线沿直线传播。

光谱（light spectrum）：
白光被分解为不同颜色的光时可见的彩色光带。

液体（liquid）：
可以流动的物质状态，液体的形状依据容器而定。液体之所以能够流动，是因为液体分子可以彼此滑动。

发光性（luminescent）：
可以产生光。

磁悬浮列车（maglev train）：
利用磁力悬浮在轨道上方的列车，运行时摩擦力比其他的交通工具都要小。

岩浆（magma）：
地壳和地幔深处的熔化的岩石。当岩浆喷发到地表时，称为熔岩。

磁场（magnetic field）：
磁体周围传递磁力作用的场，可以对附近的磁体造成影响。

磁极（magnetic poles）：
磁体磁力最强的两个区域，分别称为南极和北极。

放大镜（magnifying glass）：
用玻璃或塑料制成的透镜，可以使物体看起来更大。

哺乳动物（mammals）：
体温恒定，浑身长着毛发，用乳汁喂养幼崽的动物。

地幔（mantle）：
地壳下厚厚的岩石层，有些地方的地幔层部分熔化岩浆形成。

质量（mass）：
物体中所含物质的量。

物质（matter）：
任何有质量并占据空间的物体，宇宙中的一切都是由物质组成的。

黑色素（melanin）：
一种深色的色素，分布于皮肤、头发和眼睛里。

黑色素细胞（melanocytes）：
皮肤中产生黑色素的细胞。

蜂毒素（melittin）：
蜜蜂毒液中的有毒物质，被蜇刺后会引起疼痛和刺激。

膜（membrane）：
细胞、器官或身体其他结构外围薄薄的组织。

陨石（meteorite）：
从太空落入地球大气层而没被完全烧毁的岩石或金属。

显微镜（microscope）：
用一组透镜放大物像的光学仪器。

微观（microscopic）：
非常微小，通常只能通过显微镜才能看见。

银河系（Milky Way）：
太阳系所在的星系。

矿物（minerals）：
岩石中天然存在的物质，并非由动植物形成。矿物也指食物和饮水中含有的化学物质。

分子（molecule）：
至少由两个原子组成的物质粒子。原子之间通过化学键连接。

黏液（mucus）：
黏稠的液体，用于保护人体内的空腔表面湿润。

肌肉（muscle）：
通过收缩产生运动的身体组织。是由称为肌纤维的纤长细胞组成的。

美国国家航空航天局（NASA）：
负责进行太空探索的美国政府机构。

神经（nerve）：
负责传输电信号的神经细胞束。

神经元（neuron）：
神经细胞的另一种称呼。

核（nucleus）：
原子的中心部分，或者细胞的控制中心。

营养（nutrition）：
动植物摄取并同化营养物质的过程。

视神经（optic nerve）：
将视网膜发出的电信号传到大脑的神经。

轨道（orbit）：
天体运行的轨迹，例如，月亮围绕地球运行；地球绕着太阳运行。

器官（organ）：
具有特定功能的身体结构。人体器官包括大脑、肾脏、肝脏和心脏等。

细胞器（organelle）：
具有特定功能的细胞结构。例如，产生蛋白质的核糖体；产生能量的线粒体。

粒子（particle）：
微小的物质颗粒，如原子和分子。原子本身是由更小的粒子组成的，包括电子、质子和中子。

认知（perception）：
我们通过感官来获得对世界的理解的过程。

哲学家（philosopher）：
用逻辑论证来理解宇宙的本质、生命的意义，以及人们应该如何行动的学者。

色素（pigment）：
使材料着色的物质。如黑色素让你的头发呈现黑色。

脑垂体（pituitary gland）：
大脑下方的腺体，可向其他内分泌腺发出信号，使之释放激素。

胎盘（placenta）：
通过脐带与胎儿相连的器官，从母亲的血液中吸取氧气和营养，并输送到胎儿的血液中。

等离子体（plasma）：
物质的一种状态，非常炽热，并带有电荷。在这种状态下，电子从原子中释放出来。

污染源（pollution）：
污染环境的源头，如细菌、工厂、汽车和农场。

蛋白质（protein）：
构成生命体的基础物质。蛋白质对人体组织的生长和修复至关重要。牛奶、奶酪等食物里含有丰富的蛋白质。

心理学家（psychologist）：
研究人类行为和思想活动的专家。

半径（radius）：
从圆心到圆周的距离，长度是直径的一半。

感受器（receptor）：
接收信号的神经细胞。有些神经可以感知周围环境的变化，并向大脑发送信号。

回收（recycling）：
废物再利用，可以节约资源和能源。

红细胞（red blood cell）：
携带氧气的血液细胞。

红巨星（red giant）：
进入生命末期的恒星，温度降低并不断膨胀。

反射（reflex）：
对影响身体的因素做出反应，如手碰触到滚烫的物体时会迅速收回。

折射（refract）：
当光线从一种材料传输到另一种材料时，光线的传播方向会改变，如从空气中射入水里。

快速动眼睡眠（REM sleep）：
易于做梦的浅睡眠阶段，在这个阶段，人仍然处于睡眠中，但是眼球在快速转动。

可再生资源（renewable energy）：
不会耗尽的能源，如光能、波浪能或风能等。

爬行动物（reptile）：
具有脊椎骨，全身覆盖鳞片的冷血动物。大多数爬行动物依靠产卵繁殖后代。

拮抗（resists）：
一种物质（或过程）对抗另一种物质（或过程）的现象。

呼吸（respire）：
生物摄入氧气，以便从营养物质中释放能量。

视网膜（retina）：
眼睛后部的感光细胞层。

痂（scab）：
伤口表面由血凝块和胶原蛋白形成的坚硬的外皮。

皮脂（sebum）：
皮肤分泌的油性液体，保护皮肤和毛发保持柔软润泽。

半导体（semiconductor）：
在特定的温度条件下具有导电性的材料。

感觉器官（sense organs）：
包括眼睛、耳朵、鼻子、味蕾，以及皮肤。具有感受触觉、温度和疼痛的感受器。

太阳系（Solar System）：
以太阳为中心，围绕太阳运行的各种行星及其卫星等的集合体。

固体（solid）：
具有固定形状的物质。与液体和气体不同，固体不能流动，形状也不能改变。

南半球（southern hemisphere）：
赤道以南的地球半球。

物种（species）：
基因相似，可以互相繁衍后代的生物个体。

球形（spherical）：
一种简单的空间几何体，球心到球面上任意一点的距离都相等。

恒星（star）：
太空中巨大的、炽热发光的天体。

静电（static electricity）：
物体表面因失去或增加电子而带有正电荷或负电荷。闪电是静电现象的一个例子。

蒸汽（steam）：
水沸腾时形成的水蒸气。

立体视觉（stereoscopic vision）：
大脑将来自两只眼睛的不同视觉图像，整合成一幅完整的、具有立体感的图像。正因为具有立体视觉，我们才能看见三维的影像。

流线型（streamlined）：
物体具有平滑、狭窄的外形，易于通过空气或水流。例如，鸟类的体型就是流线型的。

物质（substance）：
构成宇宙间一切物体的实物和场，所有的存在都是物质。

太阳（sun）：
太阳系中心的一颗中等大小的恒星。

表面积（surface area）：
物体表面的面积。球体是所有形状中表面积最小的。

表面张力（surface tension）：
水等液体表面的分子作用力。因为具有表面张力，水面可以支撑住微小的物体，如某些昆虫。

味蕾（taste buds）：
口腔里和舌头上的味觉感受器，可以识别食物中的某些化学物质。

推力（thrust）：
推动飞机、轮船及其他交通工具的力。飞机的推力来自螺旋桨或喷气式发动机。

组织（tissue）：
一组具有某种特殊功能的相似细胞，如肌肉组织。

涡轮机（turbine）：
利用液体或气体推动发电机旋转并产生电能的机器。

鲜味（umami）：
除了酸甜苦咸之外，味蕾可以辨别出的第五种味道。

脐带（umbilical cord）：
将胎儿与母体子宫连接起来的器官，里面含有血管。

宇宙（Universe）：
万事万物的总称。

子宫（uterus）：
胎儿在母体内发育的器官。

真空（vacuum）：
没有物质的空间。

蒸发（vaporize）：
从固体或液体变成气体的过程。

蒸气（vapour）：
液体蒸发或沸腾后产生的气体。

毒素（venom）：
生物产生的有毒物质，具有防御、进攻等多种作用。

病毒（virus）：
由一个保护性外壳包裹的一段DNA或者RNA，依靠寄生在细胞中复制自身，可能会引起疾病。

视觉皮层（visual cortex）：
位于大脑后部，负责处理来自眼睛的视觉信号。

水循环（water cycle）：
水在海洋、天空和陆地之间的循环。

水蒸气（water vapour）：
水的气体状态。水蒸气可以在空中凝结成小水滴，形成云和雾。

波长（wavelength）：
相邻的波峰或者波谷之间的距离。

白矮星（white dwarf）：
生命即将终结的恒星，体积小、密度高、温度高。

翼展（wingspan）：
鸟类、昆虫或飞机的两翼末端之间的距离。

索引

DK Penguin Random House

Original Title:Ask A Scientist: Professor Robert Winston Answers 100 Big Questions from Kids Around the World!

著作权合同登记号：01-2020-7317

图书在版编目（CIP）数据

DK100个科学问题 / （英）罗伯特·温斯顿著 ； 纯熙译. -- 北京 ： 科学普及出版社，2021.3（2024.6重印）
书名原文：Ask A Scientist: Professor Robert Winston Answers 100 Big Questions from Kids Around the World!
ISBN 978-7-110-10118-6

Ⅰ. ①D… Ⅱ. ①罗… ②纯… Ⅲ. ①科学知识－儿童读物 Ⅳ. ①Z228.1

中国版本图书馆CIP数据核字（2020）第104618号

策划编辑 邓　文
责任编辑 白李娜
封面设计 朱　颖
责任校对 吕传新
责任印制 徐　飞

科学普及出版社出版
北京市海淀区中关村南大街16号　邮政编码：100081
电话：010-62173865　传真：010-62173081
http://www.cspbooks.com.cn
中国科学技术出版社有限公司销售中心发行
佛山市南海兴发印务实业有限公司印刷
开本：889mm×1194mm　1/16　印张：8　字数：200千字
2021年3月第1版　2024年6月第5次印刷
ISBN 978-7-110-10118-6/Z·242
印数：30001－35000册　定价：78.00元

（凡购买本社图书，如有缺页、倒页、脱页者，本社销售中心负责调换）

混合产品
纸张 | 支持负责任林业
FSC www.fsc.org FSC® C018179

www.dk.com

致谢

DK would like to thank the following: Caroline Hunt for proofreading; Helen Peters for the index; Nityanand Kumar (DTP Designer) and Seepiya Sahni (Art Editor) for work on cutouts; Abigail Luscombe for picture research

Picture credits: (Key: a-above; b-below/bottom; c-centre; f-far; l-left; r-right; t-top) **10 Dreamstime.com:** Sebastian Kaulitzki / Eraxion (bl). **11 Science Photo Library:** Edelmann (br). **12 Science Photo Library:** Mark Garlick (t). **13 NASA:** CXC / CfA / M.Markevitch et al (br). **15 123RF.com:** Eric Isselee / isselee (crb, br). **Fotolia:** Anatolii (bc). **16 123RF.com:** Evgenii Zadiraka (cra). **17 Dreamstime.com:** Yekophotostudio (cb). **18 123RF.com:** cherrymerry (cra). **19 Dreamstime.com:** Astrofireball (tr). **20-21 Alamy Stock Photo:** Zoonar GmbH. **21 123RF.com:** Yulia Petrova (r). **22 Dorling Kindersley:** Natural History Museum (bc). **Science Photo Library:** Masato Hattori (ca). **23 Dreamstime.com:** Steveheap (b). **24 Alamy Stock Photo:** RubberBall (br). **Getty Images:** Clarissa Leahy. **26-27 Getty Images:** Jonathan Knowles (c). **27 Dreamstime.com:** gilmanshin (tr). **28-29 Dreamstime.com:** Beijing Hetuchuangyi Images Co, . Ltd . / Eastphoto (t). **30 Dreamstime.com:** Matee Nuserm (cl). **iStockphoto.com:** Mathisa_s (c, cr). **31 Dorling Kindersley:** Jerry Young (cla). **Dreamstime.com:** Alexander Potapov (t); Nancy Tripp / Qnjt (c). **32 Alamy Stock Photo:** Walter Oleksy (l). **34 Alamy Stock Photo:** Nature Picture Library (r); robertharding (l). **35 Dreamstime.com:** Jamiemuny (cr). **iStockphoto.com:** Stocktrek Images (br). **36-37 Dreamstime.com:** Maksim Toome / Mtoome (c). **37 Dorling Kindersley:** Science Museum, London (clb). **Dreamstime.com:** Alexey Romanenko / Romanenkoalexey (ca). **38 Science Photo Library:** DR Keith Wheeler (cb). **38-39 Alamy Stock Photo:** Daniel Sanchez Blasco (bc). **Getty Images:** Clouds Hill Imaging Ltd. (c). **39 Alamy Stock Photo:** Daniel Sanchez Blasco (tl, cra). **Getty Images:** Robert Clark (cr). **40 Dreamstime.com:** Alle (clb); Rolfgeorg Brenner (bc). **41 Science Photo Library:** Claus Lunau. **46 Getty Images:** A.B. / Lars Langemeier. **48 Dreamstime.com:** Maxim Weise (bl). **49 Alamy Stock Photo:** Teresa Otto (br). **50 iStockphoto.com:** Monica Click. **51 Dreamstime.com:** Lim Seng Kui (tc); Mimagephotography (ca). **iStockphoto.com:** Claudiad (cra). **54-55 Dreamstime.com:** Markus Gann / Magann (t). **56 Alamy Stock Photo:** Roberto Nistri. **57 Science Photo Library:** Dante Fenolio (b). **58-59 Alamy Stock Photo:** DPK-Photo (b). **59 Dreamstime.com:** MRMake (br). **60-61 123RF.com:** Helmut Knab. **61 Dreamstime.com:** Matthias Ziegler / Paulmz (tl). **Fotolia:** Mikael Damkier (tr). **62 Alamy Stock Photo:** Kim Christensen (bc). **63 Dorling Kindersley:** Stephen Oliver (br). **64 Dreamstime.com:** Kdshutterman (l); Milkos (tr). **65 Alamy Stock Photo:** Aaron Amat (br). **66 Dreamstime.com:** Jose Manuel Gelpi Diaz (br). **Getty Images:** Frank Krahmer / Photographer's Choice RF (bc). **69 123RF.com:** olivierl (cla). **Alamy Stock Photo:** Alexandre Watanabe (cr). **70-71 Fotolia:** Sherri Camp (c). **72 Dorling Kindersley:** Andy Crawford (cb). **72-73 ESA / Hubble:** NASA. **74-75 Dreamstime.com:** Mark Turner. **76 Science Photo Library:** Georgette Douwma (bl). **77 Science Photo Library:** KTSDESIGN (tl). **79 Alamy Stock Photo:** Tom Uhlman (t). **82-83 Dorling Kindersley:** Whipsnade Zoo. **83 Dreamstime.com:** Menno67 (bc). **84 Dorling Kindersley:** Planes of Fame Air Museum, Valle, Arizona (cb). **Science Photo Library:** NASA (crb). **84-85 123RF.com:** phive2015. **86 Alamy Stock Photo:** (clb). **86-87 Alamy Stock Photo:** Daniel Sanchez Blasco (b). **Dreamstime.com:** Tatya Luschyk (c). **88-89 Getty Images:** Martin Hartley. **89 Alamy Stock Photo:** Darryl Gill (r). **90 Dreamstime.com:** Hunterbliss (bl); Hxdylzj (br). **91 Getty Images:** Paulo Fridman / Corbis (br); Jeff T. Green (bl). **92-93 Alamy Stock Photo:** Charlie Nowlan. **95 Depositphotos Inc:** gorkemdemir (fbr). **Dreamstime.com:** Tom Wang (br). **96 123RF.com:** grigory_bruev. **Getty Images:** Nelson Luiz Wendel (bl). **97 Science Photo Library:** B.W.Hoffman / AgstockUSA (cb). **99 Alamy Stock Photo:** Mandy Godbehear (bc). **100-101 iStockphoto.com:** urfinguss (c). **102 123RF.com:** Siim Sepp (tr). **104-105 Alamy Stock Photo:** Julian Money-Kyrle. **105 Dreamstime.com:** Pictac (br); Alexander Pladdet (clb). **Science Photo Library:** Dennis Kunkel Microscopy (c / Dental drill bit); Photo Researchers, INC. (c). **106-107 Getty Images:** Indeed (t). **108 Alamy Stock Photo:** J Marshall - Tribaleye Images (c). **Science Photo Library:** DR Seth Shostak (br). **109 NASA:** Ames / JPL-Caltech (cl). **110 123RF.com:** Noppharat Manakul. **112 Alamy Stock Photo:** Science Photo Library (bl). **114-115 123RF.com:** Ilya Akinshin (Bubbles). **114 123RF.com:** Ilya Akinshin (t); pat138241 (bl). **115 Alamy Stock Photo:** Zoonar GmbH (b). **116 iStockphoto.com:** aabejon (crb). **118 123RF.com:** Steve AllenUK (cr). **119 123RF.com:** Alphaspirit (br). **Dreamstime.com:** Whileresrts (cl). **120 123RF.com:** Алексей Пацюк. **121 123RF.com:** Narongrit Dantragoon (Background); Hemant Mehta (br).

All other images © Dorling Kindersley
For further information see: www.dkimages.com

The publisher would like to thank the following children for their questions:
Addy, age 9; **Aimee**, age 11; **Akshay**, age 9; **Alfie**, age 9; **Amy**, age 10; **Anika**, age 8; **Archer**, age 8; **Aron**, age 8; **Aubrey**, age 10; **Aurelia**, age 12; **Ava**, age 9; **Ben**, age 8; **Beth**, age 9; **Bonnie**, age 6; **Brayden**, age 7; **Brendan**, age 6; **Camilla**, age 9; **Caroline**, age 8; **Charlie**, age 4; **Charlize**, age 12; **Charlotte**, age 6; **Chase**, age 6; **Chi Yau**, age 11; **Cordelia**, age 11; **David**, age 9; **Devin**, age 7; **Duncan**, age 9; **Eliana**, age 4; **Elijah**, age 15; **Elio**, age 11; **Ellen**, age 9; **Emilia**, age 7; **Emma**, age 7; **Enzo**, age 7; **Eve**, age 11; **Felix**, age 5; **Hannah**, age 6; **Harrison**, age 7; **Him Sum**, age 11; **Ilana**, age 11; **Iris**, age 6; **Isaac**, age 10; **Jackson**, age 8; **Jacob**, age 9; **Jago**, age 8; **James**, age 9; **Jaredin**, age 13; **John**, age 6; **Joseph**, age 7; **Joseph**, age 10; **Kalina**, age 11; **Kate**, age 7; **Kieran**, age 8; **Lia**, age 7; **Liora**, age 6; **Liora**, age 8; **Logan**, age 11; **Louis**, age 11; **Lyra**, age 9; **Mack**, age 6; **Margaret**, age 10; **Mary-Catherine**, age 8; **Melvin**, age 11; **Miriam**, age 7; **Molly**, age 10; **Mya**, age 8; **Naël**, age 11; **Noah**, age 5; **Oliver**, age 7; **Page**, age 16; **Paula**, age 8; **Poppy**, age 10; **Ralph**, age 14; **Rianna**, age 12; **Ruby**, age 11; **Sachin**, age 5; **Segovia**, age 6; **Sophia**, age 14; **Teagan**, age 9; **Theodore**, age 11; **Tzofia**, age 7; **Wakana**, age 6; **William**, age 3; **William**, age 9; **Yi**, age 12; **Elementary school class, California, USA**; **Primary school class, Cambridgeshire, UK**.

Questions submitted from: Australia, Canada, China, France, Germany, India, Ireland, Japan, Luxembourg, the UK, and the USA.